晋商五百年

# 经营谋略

主编　刘建生
副主编　刘成虎
林柏　李泽平　郭小鹏　编著

山西出版传媒集团　山西教育出版社

## 图书在版编目（CIP）数据

经营谋略／林柏，李泽平，郭小鹏编著．— 太原：
山西教育出版社，2014.6（2019.3重印）
（晋商五百年／刘建生主编）
ISBN 978-7-5440-5166-8

Ⅰ.①管… Ⅱ.①林… ②李… ③郭… Ⅲ.①晋商－
商业经营－经验 Ⅳ.①F715

中国版本图书馆CIP数据核字（2014）第055863号

**晋商五百年·经营谋略**
JINSHANG WUBAI NIAN Jiingying Mouliie

出 版 人 雷俊林
选题策划 张沛泓 杨 文
责任编辑 杨 文
特邀编辑 王玉成
复　　审 郭志强
终　　审 刘立平
装帧设计 刘志斌
内文排版 温 芳
印装监制 郭 勋 贾永胜
图片统筹 刘志斌
摄　　影 薛 菲 王永伟 刘志斌
梁 铭 荣 浪等

特别鸣谢 北京晋商博物馆
支持单位 北京晋商博物馆 山西省博物院
太原晋商博物馆 山西财经大学晋商博物馆

出版发行 山西出版传媒集团·山西教育出版社
（地址：太原市水西门街馒头巷7号 电话：0351-4729801 邮编：030002）
印　　刷 山西臣功印刷包装有限公司
印　　次 2014年6月第1版 2019年3月第2次印刷
开　　本 787×1092 1/16
印　　张 11
字　　数 161千字
印　　数 5 001—7 000册
书　　号 ISBN 978-7-5440-5166-8
定　　价 38.00元

康熙皇帝说：“今朕行历吴越州郡，察其市肆贸迁多系晋省之人，而土著者盖寡。”

——《清实录》康熙二十八年二月乙卯条

山西巡抚刘于义上奏说：“山右积习，重利之念，甚于重名。子弟之俊秀者，多入贸易一途，其次宁为胥吏。至中材以下，方使之读书应试。”雍正帝在其奏疏上“朱批”：“山右大约商贾居首，其次者犹肯力农，再次者谋入营伍，最下者方令读书。朕所悉知。”

——《雍正朱批谕旨》，第四十七册，雍正二年五月十二日朱批

在海外十余年， 对于外人批评吾国商业能力，常无辞以对，独至有历史、有基础、能继续发达之山西商业，鄙人常以自夸于世界人之前。

——梁启超《在山西票商欢迎会演说词》，1912年

平阳、泽、潞豪商大贾甲天下，非数十万不称富。

——王士性《广志绎》

富室之称雄者，江南则推新安，江北则推山右。

——谢肇淛《五杂俎》

山右巨商，所立票号，法至精密，人尤敦朴，信用最著。

——《清朝文献通考》，卷十八

1888年，英国汇丰银行一位经理甫将离开中国时，对山西票号、钱庄经营人有过这样一段评论："我不知道我能相信世界上任何地方的人像我相信中国商人或钱庄经营人那样快……这25年来，汇丰银行与上海的中国人作了大宗交易，数目达几亿两之巨，但我们从没有遇到一个骗人的中国人。"

——渠绍淼《晋商兴盛溯源》

中国商贾夙称山陕，山陕人智术不能望江浙，其推算不能及江西湖广，而世守商贾之业，唯其心朴而实也。

——清代外交家、首任驻英公使郭嵩焘

霭龄坐在一顶十六个农民抬着的轿子里，孔祥熙则骑着马，但是，使这位新娘更为吃惊的是，在这次艰苦的旅行结束时，她发现了一种前所未闻的最奢侈的生活。因为一些重要的银行家住在太谷，所以这里常常被称为"中国的华尔街"。

——罗比·尤恩森《宋氏三姐妹》

在上一世纪（19世纪——编者注）乃至以前相当长的一个时期内，中国最富有的省份不是我们现在可以想象的那些地区，而竟然是山西！直到本世纪（20世纪——编者注）初，山西，仍是中国堂而皇之的金融贸易中心。北京、上海、广州、武汉等城市里那些比较像样的金融机构，最高总部大抵都在山西平遥县和太谷县几条寻常的街道间，这些大城市只不过是腰缠万贯的山西商人小试身手的码头而已。

——余秋雨 《抱愧山西》

# 未曾消逝的风华

## （代序）

三晋大地是孕育中华民族的热土。距今180余万年前，山西匼河西侯度出现了迄今为止在中国发现的最早的人类。许家窑、丁村、峙峪、北撖……山西几乎保留了旧、新石器时代不同阶段的所有遗存。从那时起，山西曾一度是中华文明的代表。

隋代，雄踞太原的李渊成为天朝大国新的主宰，太原也因此成为大唐帝国的北都。唐代的三晋是一个文化昌达、名人辈出的地方，王维、柳宗元、狄仁杰、河东裴氏……一个个镌刻在青史上的名字，推动着唐代文化登峰造极。当鼎盛的铅华在四起的狼烟中悄然褪尽，宋太宗的铁骑踏过黄河，刘汉王朝灰飞烟灭之后，连年的战火、无休止的争斗，李唐盛极一时的河东文化似乎真的随着太原城那场人为的大火飘零没落了。

有人说，唐代以后的山西乏善可陈，科考不利、文化名人匮乏，山西的文化凋落了，但很少有人注意到，在时代变革、文化演进的浪潮中，山西扬弃旧腐、推陈出新的地域文化特征和独特的文化变迁方式。17世纪以降，在风云诡谲的世界形势中，经济实力成为决定国家兴衰至为重要的因素。当西方凭借坚船利炮不断开拓世界市场、中国依然沉浸在义利之辩中无法自拔时，被梁启超先生“常以自夸于世界人之前”的那些“胡服辫发”的山西商人又一次成为引领时代潮流的群体……时任德国柏林大学校长的李希霍芬男爵曾评价说，山西人“具有卓越的商才和大企业精神，有无比优越的计算智能，有发达的数字意识和金融才华”，因此“中国人好比犹太人，而山西人更像犹太人”。

晋商从默默无闻的引车卖浆者逐渐发展成为“非数十万不称富”的豪商巨贾，纵横捭阖五百余载，足迹遍及大江南北。他们凭着敢为天下先的精神，利用国家政策，抓住历史机遇。他们栉风沐雨，远渡重洋，北至西伯利亚、伊尔库茨克，南抵香港、加尔各答，东到神户、大阪、横滨、仁川，西涉喀什噶尔、塔尔巴哈台，业务涉及盐、茶、粮食、布匹、典当、票号等诸多行业，以独具特色的经商理念与经营艺术，创造了一个个令世人瞩目的商业奇迹。我们山西大学晋商学研究所同仁曾循着晋商的足迹赴东瀛，到欧美，北上恰克图、海参崴收集相关史料。大家无不为昔日晋商“劈开万顷波涛，踏破千里荒漠”的那种艰苦创业、百折不挠的精神所折服。尽管晋商在清末战乱中逐步走向衰败，商业和金融业态的转变使之无法承担起信用制度变迁所带来的庞大交易费用，但他们并没有化作历史的尘埃随风飘逝，其遗留下来的丰富的物质和精神遗产，至今依然影响着我们。

站在平遥、太谷、祁县等古老县城的街道，放眼望去，掩映在夕阳余晖中的是一座座明清晋商的豪宅大院、孕育着郁郁生机的老街，还有那商号店铺的门帘随着进进出出的人们不停地摆动，像少女头饰上随风摇曳的流苏。熙攘而恬静，喧嚣而自然，建筑和人交相融合，很容易让人产生时间上的错觉。思绪的穿越，把我们带回到清代，街面上此起彼伏的吆喝声、票号柜台上眼镜戴在鼻尖上的掌柜、镶满铁钉的大门、被缰绳磨得发亮的花岗石拴马桩……使我们抑制不住钩沉旧事的冲动。

每处遗存都有着自己的故事，每件古物都有着鲜为人知的传说。发现故事讲给世人听，是三晋学人义不容辞的责任。因此，我们会集山西大学晋商学研究所以及经济、历史、教育、体育等学科从事晋商研究的多位学者，捃摭多年研究成果，从晋商盐帮、茶商、典当、票号、镖局、会馆、家族、大院、教育，以及走西口、粮油故道、保晋公司等入手，通过点滴历史事件，深入浅出，图文并茂，向读者展示明清晋商的不同侧面，以期雅俗共赏，弘扬中国传统商业文化。

于山西大学晋商学研究所

# 目录 MULU

# 前言

晋商称雄商界五百年之久，跨越明清两个朝代，直至民国时期。数百年来，晋商经营的行业从粮、棉、布、茶、丝绸、铜铁、颜料、食品、杂货等一般性商品到银、钱、票据等货币金融服务，可谓五彩纷呈、无所不有。每个晋商家族通过设立总号—分号的形式兼业多营，在总号下多处设立分号或分支机构，少则十几家，多则数十家，甚至上百家。这些机构分布于全国各地甚至海外，形成了庞大的类似现代企业集团的商业帝国。在这样一个店铺丛生、经营种类繁多的庞大“帝国”，为使之运行有序、高效，整体实力不断增强，晋商逐渐创建出一套独特的但又成熟可行的经营管理模式。

如在资本运营制度中，山西商人开创性地引入一种独特的“股俸制”（亦曰“股份制”），将“企业”资本划分为银股、身股、倍本股、护本股等。通过划分股份，一方面从家族、乡里乃至外部社会筹集尽可能多的资金，并对未来可能出现的经营风险做好预警和防范准备，另一方面分清各个股东的责任和权益，激励和约束每位管理者与员工为“企业”的发展奋发努力。

还有在总、分号的管理上，晋商采取了一种统而不死、高效运行的组织方式；在用人上，建立了一种“用人不疑、疑人不用”的委托—代理制；在员工的选拔、培养、激励、约束机制上，除了从严从谨，还开拓出一种让员工看到发展希望、能够自律自强的“顶身股”制；在营销管理方面，坚定而持久地秉持“诚信经商、以义制利”的营销理念，赢得千万顾客的深度信赖和高度赞赏；在信息和市场网络建设方面，建立了一整套市场调研和评估制度，并依托各地会馆、行会等商人组织，构建信息交流体系，扩展和深化市场网络；在账簿管理方面，加大投资力度，增加账册、银票、印章等凭证式物件的科技含量，实行汉字密押和笔迹核对相结合的保密制度。同时，为了加强财务管理，在总号专设账房先生（相当于现代企业制度下的财务总监）作为晋商“企业集团”三大独立的职能部门之一。账房先生直接向总经理负责，全面统筹安排和调度周转各地分号的资金……

总之，通过仔细梳理、深入分析，我们发现山西商人曾经以机巧实用而与时俱进的一套套办法管理着他们的商业帝国，在数百年的历史舞台上演绎着他们的精彩。尽管世易时移，那些具体的制度或方法在今天的社会条件、法律制度、政治经济环境下已经不宜简单复制，但放置于当时的历史条件来审视，这些方法或制度中透露出的经营智慧和管理理念依然令人玩味，值得借鉴。

“言于古必有验于今。”反观今天的山西商人，虽然他们当中也有许多活跃于国内外商界，甚至有的堪称翘楚，但如果从一个群体来看，其气质、素养、眼界、心智、行动特质与老晋商相比尚有一定差距。究其原因，不能不说那些决定商人胜败的关键点——比如经营谋略和管理文化，没有很好地从老祖宗那里加以传承和发扬光大或乃症结之所在。

鉴于此，如何帮助现今的山西商人进一步提高经营管理水平，走出家族式企业管理的困境，实现企业的可持续发展，为山西及全国的经济结构战略调整和经济社会持续健康发展做出应有的贡献，这已经成为摆在我们面前的重要课题。令人欣慰的是，社会各界对晋商的学习和探讨数年来从未中断，相关的著述颇丰，但有关晋商经营管理的专门研究依然门可罗雀，特别是缺少一本面向大众、可读性强但又全面系统、略有深度的晋商经营管理方面的著作。基于这样的旨意，《晋商五百年》系列丛书之一——《经营谋略》在一年的辛勤忙碌下得以付梓。

# 第一章

# 晋商的资本组织和运营管理

明清时期，山西商人纵横捭阖，称雄国内市场，闻名国际商界，经营规模不断扩大，活动范围遍及全国、延伸海外，并以票号汇通天下，执全国金融业之牛耳。晋商之所以能够成为当时中国最大的地域性商帮和国际性商人的重要因素之一，与他们在长期的经商实践中形成了一整套有效率的和具有较强历史适应性的资本运营制度有着密切的关系。资本的组织和管理是企业经营管理的重要前提和基础，也是决定企业治理结构和管理制度的重要因素。本章主要讨论明清时期的晋商如何进行其资本的组织和管理，着重分析晋商独资制、合伙制、股份制等资本组织形式的特点、演进过程等。产生于明代、兴盛于清代的晋商根据明清时期社会经济发展的需要，尤其是明中叶以后，社会生产力提高、商品货币经济发展和市场规模扩大的有利形势，锐意进取，大胆创新，适时地提出了朋合制和伙计制，这些都为其股份制的产生、发展奠定了基础。而这些资本运营制度的变迁也同时铸造了晋商富甲天下的商业神话。

## 第一节　独资经营　晋商崛起

山西商人在发家之初多是一些小本经营的肩挑负贩，在这种规模小但灵活机动的经营方式下，通过多年的辛苦努力，逐渐积累了最初的财富，进而发展为富商士贾。

关键词：独资制　晋商崛起

独资制即个人业主制，是一种由单个自然人投资和经营，财产为投资者个人所有，以个人资产对企业债务承担无限责任的企业形态。独资企业内部管理机构设置简单，经营管理方式灵活性大，为非法人实体，是企业制度中最原始、最古老的形态。从资本主义产生到 19 世纪中叶以前，它在欧美各市场经济国家中一直占据主导地位。对晋商而言，独资制是指商人自筹资金做生意，即一人出资，一人经营，出资者以其个人财产对经营失败的后果承担无限责任，属于原始的资本经营方式。一般地讲，这是一种经历，从小商小贩开始，俟有一定积蓄后，自己出资开设店铺、采取集东家和掌柜于一身的经营模式。

在自然经济占主导地位的封建社会，位于四民之末的商人的社会地位是很低的，商业活动也处处受到政府和法律的严格管制和约束，家庭或者宗族就成为晋商企业的最初起源，家庭小企业通常能够有效运作，实现资本原始积累。山西商人大多是靠自力更生、艰苦奋斗才积累了最初的财富，进而通过几代人的不懈努力才成为富商大贾。这方面的例子不胜枚举。

山西商人发展初期多是一些肩挑负贩，等积累了一定的资本后，便逐渐采取“坐商”经营的模式，即在固定的经营场所经商，这就是我们常说的“行商坐贾”。

通过研究晋商的发家史可以发现，晋商名门望族的创业者，并非生下来就是富商大贾，相反他们非常贫困，但是他们凭着坚强的信念，过人的胆识，远走口外，背井离乡，开拓自己的事业，一点一滴地积累起了自己的财富，

◇ 山西商人发展初期多是肩挑负贩形式



最后拥有了自己的事业。

清朝学者纪昀在其《阅微草堂笔记》卷23《滦阳续录》中有这样的描述："十余岁辄从人学贸易，俟蓄积有资，始归，纳妇……"这就是说山西商人在外经商，如果事业不成，甚至连妻子也不娶，可见山西人经商致富的决心是多么大，他们把经商作为一项事业来看，通过经商来实现其创家立业、光宗耀祖的抱负。明清时期交通不便、信息不灵，各地市场存在程度不同的封闭。晋商利用商品地区差价、季节差价、批零差价赚取小额利润，因此"致富皆在数千里或万余里外"。其中的艰辛是我们无法想象的。

例如，著名的大盛魁商号就是一个典型的例子。大盛魁是清代山西商人对蒙贸易中的最大商号，然而其创始人并非富商大贾，而是其貌不扬的三个小贩。康熙年间，清政府在平定准噶尔部噶尔丹的叛乱中，军队进入漠北，其地方的自然条件特别恶劣，张正明在《晋商兴衰史》中写道："其地不毛，间或无水，至瀚海等沙碛地方，运粮尤苦。”遂准商人随军贸易。在随军贸易的商人中，太谷县的王相卿、祁县的史大学和张杰均为肩挑小贩，资本额少，业务量也不大。由于买卖公道，服务热情、周到，生意十分兴隆。清兵击败噶尔丹后驻囤大青山，军需物资在山西右玉杀虎口采购，他们三人便在杀虎口开设商号，取名“吉盛堂”，康熙末年改名为“大盛魁”。大盛魁在经营过程中讲究诚信，严格保证产品的质量，深得蒙民的信任，生意也越做越大了，最后成为蒙古最大的商号。

晋商大户乔家的创始人乔贵发，早年曾是一个衣不遮体、食不果腹、无依无靠的光棍汉，为生活所迫，离乡背井，孤身一人走西口。在归化苦心经营30年后，乔氏商业才有了坚实的

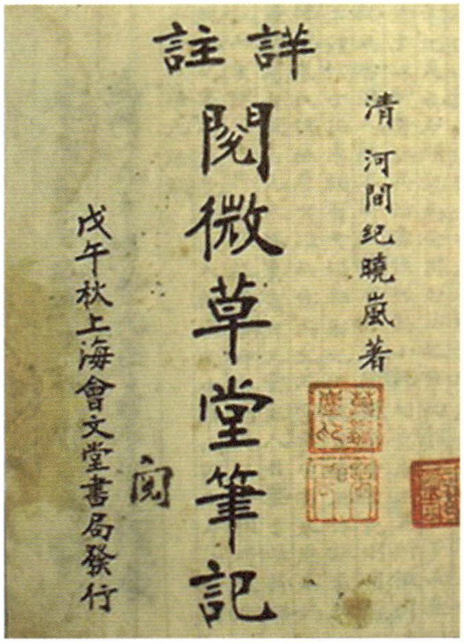

《阅微草堂笔记》书影

晋商跑骆驼的伙计

基础。雍正初年，乔氏在归化的商业规模已相当可观，除开设复盛公、复盛西两个当铺外，还经营复盛公粮店和复盛西菜园。乔家庞大的商业和财富就是由此开始形成的。

太谷著名商家曹氏的发迹，始于明末清初。曹三喜为了谋生，随人至东北三座塔（今辽宁省辽阳县），租地种植蔬菜和豆类植物。后与一当地人合伙，用所种的豆类磨成豆腐出售，再用豆腐渣养猪。这种循环经营模式以有限的生产要素取得了最大的产出，因此生意日渐红火。后来，合伙人提出各自经营。曹三喜独立经营后，由最初的磨豆腐、养猪，发展到用高粱酿酒，进而开杂货铺，生意越做越大，甚至兼并了以前合伙人的生意。曹三喜通过辛勤劳动，不断积累财富，最后成为关外大商。

又如在徐珂《清稗类钞》中被称为“资产三四百万两”的祁县渠家，最初也只是小本生意人，从上党肩挑潞麻、梨到祁县，再把祁县的粗布、枣挑回上党，往返贩卖。张巩德在《山西票号综览》中写道：“世代以经商为业，后来稍有基础，开始到包头经商，很快有了明显起色。”渠家所经营的“三晋源”

山西太谷曹家大院三多堂大门外景

山西祁县渠家大院

票号是当时经营时间最长、规模最大的中国三大票号之一。被称为“侯百万”的著名晋商介休侯家，“于清康熙年间，专跑苏杭二州，贩卖绸缎，父子们南贩北卖，获利颇巨，几十年工夫，家业大大发展起来，已是外有生意几十处，内有房产土地，骡马成群，晋中赫赫有名的大财主了”。

周易曰：“天行健，君子以自强不息”；“地势坤，君子以厚德载物”。可见晋商的发家史就是一部自强不息、持之以恒的奋斗史。正是这些勇于开拓的山西人，抓住了历史机遇，白手起家，艰苦奋斗，经过几十年、上百年的不懈努力，才开创了彪炳千秋的伟大事业。

# 第二节 众人划桨开大船——晋商之合伙制

独资企业的优点在于个人出资、个人所有、个人负责，有广泛的决策空间，能自由调配资源，具有“船小好调头”的灵活性和“见风使舵”的适应性等特色。我们知道有限资本会限制企业规模，那么，独资企业本身固有的支配有限的资源将会把晋商局限于日常经营“小打小闹”的尴尬之中。若想突破这种局限，扩展长途贩运和规模经营的实力，获取独资制之外的丰厚利润，那么，实行某种联合势在必行。于是，合伙制进入晋商的选择范围。

明清时期，思维敏捷的晋商为了追逐更为广阔的利润空间，凭借对世事的洞察，先后采取了人—人联合、资—资联合、人—资联合等资本运营形式。

关键词：行帮　合伙制



## 一、商人团结　行帮出现

商业活动必然伴随着竞争和风险。为在竞争中获胜，减少和化解风险，加强自身力量，山西商人内部出现了最初的组合形式——行帮。据《长芦盐法志》卷 2 载：“明初，分商之纲者五，曰浙直之纲，曰宣大之纲，曰泽潞之纲，曰平阳之纲，曰蒲州之纲。”所谓“纲”，就是早期的一种行帮形式，纲的组成，以商人的籍贯来区别。明代长芦盐商的五纲中，山西商人就占了四纲。行帮是一种松散的联合方式，行帮组织的基本因子仍是独立的经营实体，行帮对于各成员方没有所有权上的束缚，这使得每个商人拥有很大的自由度。若利益一致，合伙人则齐心协力拧成一股绳，形

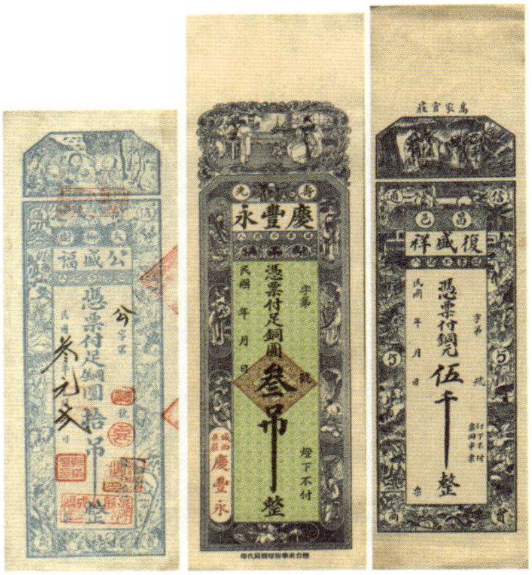

晋商商号用过的票据

成较强的合力。若产生分歧，则很容易产生矛盾甚至出现水火不容的局面。

清道光九年（1829 年），归化城鲁班社在《新立规碑记》中记载："兹因世道不古，有亏于圣事者多矣。我鲁班社由来已久，是属祖师圣会。而布施隐藏遗漏，以至会首屡屡赔苦。若不整齐，社事将衰矣。"此外，行帮的各自为政，也不利于整合资源。平遥县经营颜料、桐油的商号和临汾县经营纸张、颜料、旱烟、干果、杂货的商号，本来经营颜料的可以联合为一体，却分别建立了平遥颜料行和临汾乡祠两个会馆，造成了资源的浪费，增大了经商成本。

## 二、合本共商　扩大规模

合本共作制是指两个或两个以上的合伙人共同投入资本，共同经营，按资本的多少分取利润。合资经营有助于迅速扩大商业经营规模，获取超额利润，减低成本，提高市场竞争力，同时还可以分散经营风险。

杨若愚的《太原布行的老字号——同成信》一书中记载了这样一个故事：

晋商商号的招幌

“清咸丰年间，有个叫王吉成的山西汾阳人，以贩卖珠宝玉器为业，结识了一位专门给皇帝梳辫子的‘梳刘’。‘梳刘’吃俸禄发了财，想以此为资本做买卖，两人就合伙创办了同成信绸布庄。”此例中双方合伙人投入的就是货币资本。日本东京大学东洋文化研究所所藏 10—222 号中有更为详细的记载，嘉庆元年（1796 年）时有黄仁等三人合伙设立的煤铺，其合同曰：“立合同人黄仁，阜成门外北驴市口路东原有煤铺一座，家伙俱全，门面三间。因无力承办，情愿与张异恩、林维乔三人夥作。”显而易见，黄仁是投入铺面等实物资本与张、林合伙。合同还规定了企业利润的分成办法是“黄仁三成，林维乔三成，张异恩四成分余，铺价租钱陆吊本钱，谁有钱谁吃利半分”。合同最后规定了企业最终控制权的授予状况：“以后自许张、林不作，不许黄仁要回。”

合本制度在晋商的商业运行中已相当常见。《高朴案·勒尔谨折十二》中记载乾隆四十三年（1778 年）五月间，“李步安、傅德共出银六千五百两，山西代州人董瑀出银四千两，现住肃州三义店之陕西人徐子健出银二千两”，“共合银一万二千五百两，于五月去阿克苏买玉石一千斤，闰六月内傅德同董

◇ 晋商商号的账本

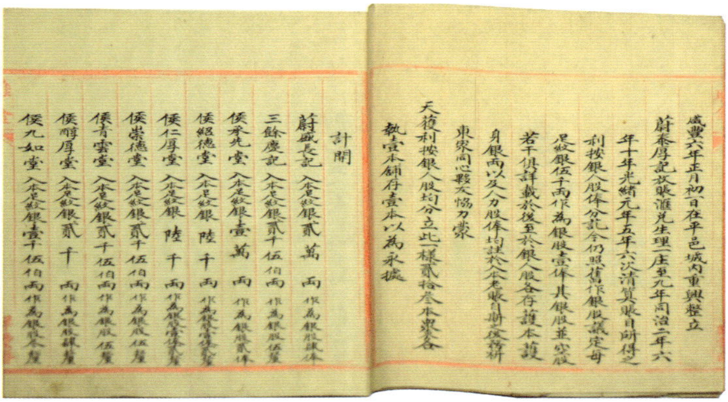

咸豐六年正月初六日在平邑城内重興整立
蔚泰厚記放賬匯兑生理一庄至九年同治二年六
年十年光緒元年五年六次清算賬目所得之
利按銀人股俸分訖今仍照舊作銀股議定每
足紋銀伍千兩作為銀股壹俸其銀股並空股
若干俱詳載於後至於銀人股各存護本護
身銀兩以及人力股俸均註於[illegible]
東家同心戮力協力蒙
天獲利按銀人股均分立此一樣貳拾叁本衆東各
執壹本舖存壹本以為永據

計開
蔚盛長記 入本足紋銀貳萬兩 作為銀股肆俸
三餘慶記 入本足紋銀貳千伍佰兩 作為銀股伍釐
侯承光堂 入本足紋銀壹萬兩 作為銀股貳俸
侯紹德堂 入本足紋銀陸千兩 作為銀股壹俸貳釐
侯仁厚堂 入本足紋銀陸千兩 作為銀股壹俸貳釐
侯崇德堂 入本足紋銀貳千伍佰兩 作為銀股伍釐
侯青雲堂 入本足紋銀貳千伍佰兩 作為銀股伍釐
侯醇厚堂 入本足紋銀貳千兩 作為銀股肆釐
侯九如堂 入本足紋銀壹千伍佰兩 作為銀股叁釐

平遥蔚泰厚记合约第二十三号

瑀将玉石运往苏州售卖”。《高朴案·李承邺折》还记载，右玉县贾又库，与本县人王厚、郭尧三人共出本银，乾隆十二年（1747 年）在归化城开设“三义号”绸缎杂货铺。“三义号”就是三人合资并负责经营的店铺，其资本运营形式就是一种典型的合本共作制。山西朔平府右玉县张鸾原在归化城三义号布店当伙计，于乾隆四十一年（1776 年）八月辞职回家，与临汾人卫金义、汾阳人冯致安及张鸾之亲家任孝哉合伙在苏州做绸缎生意，张鸾出本银 6 000 两，卫金义出本银 6 000 两，任孝哉出本银 1 000 两。冯致安没出本钱，只得劳力报酬，实际上不是合伙人。而张鸾之兄张钧也有两处合伙店铺，一是与姐夫贾文统伙开布店，本 500 两；与张謇伙开货店，本 500 两。

合资开店是合伙“坐商”的主要表现形式。在史料的搜集阅览中，我们发现晋商更偏好于采用合资形式来办典当、钱庄、票号等一系列中国早期的金融机构。这是由于金融行业对资本规模有特殊的要求，创办金融机构所需投资数额巨大。韦庆远在《明清史辨析》中估计：“一座较具规模的店铺，包括铺房和铺面的装饰、柜架设备、资本以及周转金在内，需要四五万两银子。”面对庞大的投资支出，单个商人往往无力承担，而金融行业的高额利润又具有较大的诱惑力，于是，为了获取超额利润，聪明的山西商人们走上资本联合的道路——合伙制的道路。刘静山在《包头的钱行业》中记载，在包头城，由山西商人开设的兴盛号、兴隆永、天兴恒等钱庄均是合资设立。

很多有闲钱的官僚在看到钱庄的巨额利润后，纷纷与人合资开设钱庄。

赵尔巽等的《清史稿》记载，清道光二十一年（1841 年），琦善受道光皇帝处分被抄家，其家人王福供出："天津大沽地方，有义和当铺一座。道光四年间，我主人入本制钱两万串，与山西人岳泉等伙做，铺内系岳泉管事；又于五年间，与山西人陈宝书在宁河县北塘地方伙开全和当铺一座，我主人入本制本钱两万串，陈宝书在当铺管事；六年间，又与山西人曹流得在盐山县属羊二庄地方伙开时和当铺一座，我主人入本制钱两万串。以上三处，俱系我出名，写出立公中合同。"

从上面的例子我们看到，合伙制为晋商事业的发展创造了良好的条件，特别是对于晋商进入资本要求很高的票号业有着重要的意义。但同时我们也应该看到，在晋商的合伙形式下，合伙人负担无限清偿责任。《同文算指》曾记载一例：甲、乙、丙三商，分别出银 400 两、300.86 两、1 000.79 两，经营若干年后，其结果是亏损。甲、乙、丙三商各自承担的赔偿责任为 2 350 两、1 768 两和 5 881 两，其赔偿数额大大超过了原股本。合伙制与生俱来的承担无限连带责任的特性，增大了企业经营的风险系数。这种用自身全部财产清偿债务的制度，极易导致企业的彻底衰败。

## 三、审时度势 朋合盈利

晋商以明初开中纳粟为契机，集盐商、粮商于一身而兴起。但是，从明永乐年间（1403~1424 年）始，开中纳粟已开始解体，特别是到明中叶时，开中法已遭到严重破坏，不能正常进行。这时，晋商根据经营环境的变化，抓住"叶淇变法"实行折色制的历史机遇，适时调整方针，改变经营制度以适应环境。这时晋商审时度势采取了边商、内商朋合盈利的经营模式，明人庞尚鹏《清理延绥屯田疏》称："间有山西运商前来镇城，将巨资交与土商朋合盈利，各私立契券。捐资本者，计利若干；躬输纳者，分息若干；有无相资，劳逸共济。"资本雄厚的山西商人，将资本交给当地土著商人，互相间立有契约，规定出资者获利若干，屯田出力者分息若干，有资者和无资者、有力者和无力者互相合作，优势互补，利润共沾，劳逸共济。这种朋合盈利的组合形式是一种跨地域的资金和劳动力组合的经营形式，胜过单独经营。这也在一定程度上增强了山西商人的竞争力。

朋合盈利制是晋商在"叶淇变法"实施后，积极主动进行制度创新和制度选择的结果。随着经营环境的变化，晋商调整经营策略，采取跨地域的资金和劳动力组合的方法，将资本交给当地土著商人经营，双方立有契约，规定分红方式。这种制度创新，有利于把晋商从日常经营的繁杂事务中解脱出来，集中精力进行商业资本运作，进一步发展多元化经营，从而加速资本积累，提升晋商的整体竞争力。然而，这种通过双边谈判建立起来的跨地域的委托代理关系，缺乏中国传统的信用维系纽带——地缘或血缘关系。捐资者与躬输纳者之间的信息并不对称，缺乏信义基础。当委托人不能够对契约的实施进行有效监督时，代理人可能会凭借所拥有的信息优势，做出有损委托人利益的行为，如虚报开支、低报利润等。而委托人为了扭转被动局面，会改变契约实施方式，变事后监督为事前控制，如制定苛刻的利润分配条款，控制生产成本，压缩开支等，以减少代理人违约后的利润损失。双方较量的最终结果是委托人与代理人之间的关系更为紧张，激烈的冲突将会使双方终止合作。这些都说明朋合制度是一种不稳定的制度。

## 四、东伙合作　专业管理

朋合制存在因为利润分配不均而导致的背信弃义情况，为了克服这一弊端，晋商在朋合制的基础上实行了全新的资本运营制度——伙计制。所谓伙计制是由出资者选择品行端正之人做伙计，

甘肃张掖的山西会馆大门上雕刻着“忠”、“义”二字，是晋商重义、诚信精神之体现。

付与资本，由他们去经商。伙计对出资者忠实地履行职责，如果祖父做伙计时未能把资本和应得利润归还给出资者，其子孙也要“焦劳强作”予以归还。信义成为伙计制的坚实基础。伙计制出资在前，获利在后，有资本者、无资本者均可获利，类似于今天的股份合作制。正如明人沈孝思在《晋录》中所说：“其合伙而商者名曰伙计，一人出本，众伙共商之，虽不誓而无私藏。祖父或以子母息丐贷于人而道亡，贷业者舍之数十年矣。子孙生而有知，更焦劳强作以还其贷。则他有大居积者，争欲得斯人为伙计，谓其不忘死，咸得以为生。且富者蓄藏不于家，而尽散之于伙计。估人产者但数其大小伙计若干，则数十百万产，可屈指矣。盖是富者不能遽贫，贫者可以立富。”由此可见，出资者与伙计之间是一种较为牢固的合作经营关系。

在伙计制中，资本所有者与资本经营者是雇用与被雇用的关系。经理（代理人）拥有对企业的经营管理权，即运用人力、物力、资金等资源，进行业务的扩张或压缩。资本所有者（委托人）并不干涉经理的决策，只是年终听取报告。但是，财东保留有企业的最终决策权，如超出契约范围的投资决策权和人事任免权等。统一的所有权及对企业经理的最终任免权可以有效地约束代理人的行为。

然而，“事后诸葛亮”式的监督方式，并不能避免损失的发生，英明的决策者应该有先见之明，采取事前控制的方式，这样才能做到防患于未然。晋商深刻认识到这一点并在实践中利用了当时中国社会信用授受的普遍事实：以乡土、宗族为依托相互授受。山西会馆一般都供奉关云长，用以宣告山西商人相互间应该发扬“义薄云天”、“义利分明”、“义不苟取”、“信义昭著”、“言必忠信”、“信必笃敬”等传统美德，通过习惯、习俗、文化等非正式规则约束人们的行为选择，从而影响组织的运行效率。晋商精心在同乡、同族中寻找讲信义之人，然后将资金交其经营，目的就在于加强事前控制。事先雇用了诚实守信的伙计，事后则不必付出高昂的监督成本。而伙计一旦被选中，也是其自身价值的体现，能够激励伙计为实现东家利益最大化而不遗余力地工作。

可以说，伙计制度的出现标志着晋商企业职业管理者开始出现，晋商企业的管理也逐渐专业化、制度化了，这是晋商集体智慧的结晶。伙计制在特定的历史背景下，有效地解决了因利润分配不公而导致背信弃义造成损失的难题，但并不利于企业规模的扩展以及有效控制企业的各种经营风险。伙计制固有的缺陷，注定了它终究要被更为先进、更为合理的资本运营制度所取代。

# 第三节 合本共商——晋商之股份制

晋商的股份制是其最具有特色的资本经营形式和“企业”管理制度，它不仅促进了晋商资本的积累和积聚，而且改善了“企业”内部的经营管理，特别是其中“顶身股”制，在激励和约束经理人员和普通员工上产生了奇特的效应，形成了有别于其他商帮的一套经营管理模式。

关键词：股份制 顶身股

清康雍乾时期，社会生产力和商品经济发展迅速。面对这一形势，为了进一步解决资本来源和改善经营管理，晋商针对其早期实行的独资制、朋合制和伙计制的弊端，适时调整，实行了股份制创新。

晋商股份（股俸）有正本、副本之分和银股、身股之别。所谓正本，即财东的合约投资，每股几千两到数万两不等，可按股分红，但无股息。副本又称护本，有两种：一是财东除正本以外存放在商号或票号的资本；另一种是“统事”或“获本”，即东家、经理及顶身股伙计在结账期从其所分到的红利中，提留一部分存入号内只领息而不分红，日本学者称为“辅股”。银股称财力股，是财东出资并按一定的单位额分股利的股份合作形式，银股的多少决定着投资者在将来红利中的份额。身股，又称“顶身股”，俗称“顶生意”。即商号伙友不出资本，除每年应得工资外，根据其资历、表现以及对商号的贡献可以顶 1 厘到 1 分（10 厘）的身股。清人徐珂说：“出资者为银股，出力者为身股。”每逢账期，身股和银股共同参加分红，但身股对商号不承担任何亏赔责任。银股所有者在商号享有永久利益，可以父死子继，夫死妻继，但对商号的亏损负无限责任。银股、身股每股的数额各号不一，如蔚丰厚票号资本银 17 万两，每股以 1 万两作股，加上人力股，共 50 余股。宝丰隆票号资本 26 万两，分为 13 个银股，每股即为 2 万两。

但是，获得顶身股并非易事，学徒初入商号不满 1 年者，基本上只管吃饭，不付钱。待学徒期满，升任职员后，以能力定工资，工作达到三个账期者可

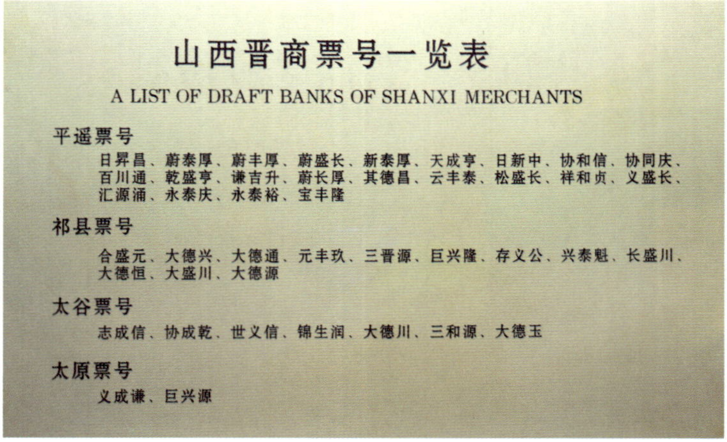


山西晋商票号一览

根据具体情况而酌定身股。对无培养前途或品行不端的伙计，一般不授以顶身股资格。顶身股最高者为掌柜（经理），一般为十厘，最多为一分二厘，最少八厘。协理、襄理为八厘、六厘、五厘不等。一般店员和初顶生意者，大多为二至三厘，以后每遇账期可增加一二厘，增至一股为止，称为“全份”。例如，大盛魁商号顶一二厘生意者，可管点杂事、接待客商等；顶三四厘生意者，可在柜上应酬买卖，但大事尚不能做主；顶五厘生意者，已有一定的做买卖的经验，货色一看就懂，行情一看就明，生意能否成交，也敢一语定夺；顶七八厘生意者，已是商号的里外一把手，或来往于总号、分庄之间，盘点货物、核算亏盈，或奔波于天南海北，拍板大宗交易；顶九厘生意者，日常营业不管，专断重大疑难之事。顶身股者死后，各号一般仍给其遗属一定体恤，即在一定时间内仍旧参加分红，称“故身股”。一般经理故后享受八年的红利，未任经理者享受七年的红利，顶身股六七厘者享受五年的红利，顶身股四五厘者享受四年的红利，顶身三四厘者享受三年的红利，顶身一二厘者享受两年的红利。对字号经营立有特大功绩者，还可再增一至两个账期的红利。

各号均由财东出面聘请经理，再由财东、经理共同邀请中人三五人，书写股本合约，其内容包括资本若干，以若干为一股，三至五年为一个账期。每逢账期，一经获利，皆按股分红。盈利愈多，分红愈多。分红一般是银六身四，即银股分红利的 60%，身股分红利的 40%。例如，泰丰源票号光绪三十四年（1908 年），共获利银 12 090 两，按银六身四分，银股分红利 7 254 两，身股分红利 4 836 两。身股中除去原伙友柴潮出号分去 1 370 两外，尚余 3 460 两。银股共 12.5 股，每股（1000 两）分红利银 216.6 两。

晋商实行人身顶股制度，既承认号内员工的利益，又把个人利益与财东利益、商号利益紧密联系在一起。这种利益捆绑方式，在商号发展初期，形成上下一心、同舟共济的经营格局，对员工的凝聚和企业的兴盛起了不可忽视的作用，并极大地调动了经营者的积极性。下层伙计和学徒为了登上高位、多顶身股，努力为商号工作，从而使劳资关系得以协调。

此外，晋商还不断丰富其股份制内容，实行“倍股”、“厚成”、“公座厚利”、“预提护本”、“财神股”、“狗股”等办法。倍股，指股东未分红时，提留一定比例的红利，充作流动资金；厚成，是折扣部分资产，使商号实际资产超过账面资产；公座厚利，则是对银股身股之前提取部分红利，参加流通周转；预提护本，是商号分配之前提取的风险基金，以防止亏赔倒账。此外，晋商为了避免分光吃尽、不留后劲的短期行为，还通过财神股和狗股等办法增加公积金，充实自有资本。

晋商以银股的形式，广泛吸纳社会上的闲散资金，扩大商号的经营规模，以满足大流通和大商业的需要。此外，晋商还以控股、认股等形式积极投资于近代工业，从中获取利润。如天成亨票号原有资本 7 万两，光绪九年（1883 年）又吸收新股 3 万两，将资本扩大到 10 万两。光绪三十年，同蒲铁路奏准商办后，票号认股 60 万两，其他山西各商号认股 40 万两。光绪三十一年，为了从英商手中赎回山西矿权，著名爱国富商渠本翘亲自出面向各票号借银 150 万两。两年后，组织成立了保晋矿务有限公司，山西各票号踊跃认购

晋商商号大德通旧址

20万股。

但是我们也要看到，晋商实行的股份制也有其历史局限性，并不是尽善尽美的。例如随着时间的推移，山西商号内的身股数额不断增加。到20世纪初期，各商号的身股数普遍超过了银股数。如协成乾票号初期银股为13.25股，身股为3.9股；至1906年，银股依然是13.25股，身股则为17.5股，身股为银股的132.07%。大德通商号在1889年，有银股20股，身股9.7股；而到了1908年，则有银股20股，身股23.95股。

这时，山西商号的产权界定出现了问题，权利主体间权、责不对等，企业的责任主体出现了不完整性。在晋商股份制下，经营者和财东对盈利共享，对亏损则不共担。毫无疑问，其产权是不完整的，出现了残缺。这种情况刺激了经营者对资本利润的盲目追求，而对资本安全性却缺乏必要的谨慎。这就必然导致不负责任的经济行为。山西票号后期出现放款过大的情形，一定程度上可以理解为经营者在资本运营中为追求红利而对资本采取的一种不负责任的过当运营行为。这些都增加了晋商企业的经营风险。

此外，晋商股份制采取的是无限责任制，未能适时地调整为有限责任制，这就使得企业面临着巨大的风险。一旦形势不利，往往会由于一家商号经营不利而导致全局的崩溃，出现多米诺骨牌效应。19世纪末20世纪初，国内外时局十分混乱，晋商在各大商埠的资产经常被侵吞，以信义著称的山西商人为偿还债务，落得家破人亡、颠沛流离的悲惨下场。例如，旅俄旅蒙商号大盛魁，在俄国十月革命和蒙古宣布独立后，在两地的财产几乎损失殆尽，从而使总号资产负债难以平衡，不得不向外举债，积欠平市官钱局10万银元，不得已将其独资经营的绥远电灯公司作价偿还债务，独资经营的裕盛厚银号折旧转让平市官钱局；其他小号亦先后如此处理，最终导致著名商号大盛魁的破产。

# 第二章

# 晋商的组织和人事管理

有明一代，山西商人依托开中制有利的政策环境，迅速地发展壮大，称雄中国商界数百年。山西晋商在粮食贩运、盐业经销、茶叶贸易、典当业等领域创造了巨大的商业财富和庞杂的市场网络。数百年来，晋商逐渐形成了一整套严密的、高效的组织人事管理制度。具体而言，就是权利集中、统而不死的组织管理模式和权责明确、赏罚分明的人事制度，值得我们现代企业制度构架下的企业管理人员学习、借鉴和反思。

# 第一节　巧妙组织　高效管理

晋商在传统社会土壤中，独创性地运用了一整套组织管理制度，包括股份制管理、总分号制管理、委托—代理制管理等，使之能够发挥整体大于局部之和的效果。在自身发展壮大的同时，推动传统社会商品经济的发展。

关键词：股份结构　用人

## 一、双股齐下　注重激励

早在春秋战国时期，国家的举贷和王侯的放债，成为中国早期信用机制发展的源泉。明清时期，随着商品流通量的扩大、商品跨区域流通的频繁，对商人资本规模和风险控制能力提出更高的要求。鉴于此，山西商人采用了一种与近代规范的股份制相似的企业资本运作模式。其股份结构包括资本股和人力股。资本股是按照出资额的多寡按照比例分取利润和担负亏赔责任；人力股也叫顶身股，是晋商对商号员工按照等级高低、工作年限等非货币性资本参与分红的一种股权激励制度。有的晋商商号还有财神股或者狗股，这是一种晋商创始人为了防止他们的后代"败家"而特意设置的一种具有神话色彩的股份制组织形式。

从形式上看，晋商股份制与现代公司法人治理结构下的股份制具有相似性，实则不然，且在法律规范、内部结构等方面有着本质的区别。从本质上讲，晋商股份制属于合伙制，它继承了以往一般合伙制的制度安排，同时在资本组织方式、产权制度、分配形式和组织结构等方面有所创新。

广盛公就是山西祁县乔家和秦家为主要股东的商号，由于经营有方、用人得当，广盛公很快成为远近闻名的商业大鳄。由开始在包头的一家草料店，经过多年的苦心经营，逐渐地拓展为一个衣食住行无所不有、无所不包的综合商店，取号"广盛公"。这是一个典型的具有股份制结构的合伙制企业。一方面，乔家、秦家以及其他人都占有股份，从晋商早期运营来看，这种组织

◇ 口外的高粱田

"买青苗"是一种风险很大的投资行为：春天投资者和农民议定一个价格，先支付给他们一部分钱；待到秋天收获时，不管市场粮价如何，都按议定的价格交易。如果秋收时，粮价低于议定的粮价，他就得赔好多成本进去；而且如果遇上了天灾人祸，农民的庄稼颗粒无收，他们预付的定金也就打了水漂，无法收回。



形式有利于资本集中以应对大规模的商品流通和从事一些高投资、高风险、高利润的行业，如"买青苗"和"粮食霸盘"等。另一方面，在日常的经营活动中，主要决策权在大股东乔家手里，其他股东只有账期分红和退股的权利，而不能参与企业日常管理，对外也不能以财东的身份参与社会活动。在现代公司治理结构中，股东有权通过股东大会参与公司的经营决策、股利分配政策、决定公司高层经营管理人员等，并且在公司破产清偿前不能退股，这种股东权利通过《公司法》等法律形式加以规范。可见，晋商商号的资本运营制度具有现代股份制的形式，但是存在本质性的差异。

晋商早期股份制组织形式有利于分清股东责任和权益，便于分红和调动员工的积极性。从晋商股份制制度绩效来分析，在这种制度的安排下，晋商不断地发展壮大，创造了巨额的社会财富和庞大的经营网络。以晋商票号为例，其到 1840 年达到极盛时期时，总号达到 26 家、资本总额达到 76 741 万两、净利润达到 213 万两。燕红忠在其博士论文《中国近世以来的货币金融及其变迁》中，对山西票号的数量、业务、资本和利润总量进行了估计，具体如下：

**票号的数量、业务、资本与利润总量估计**

（单位：万两）

| 时 间 | 总号家数 | 总分号数量 | 汇票发行量 | 存款总量 | 放款总量 | 总资本（正本） | 净利润 | 总资力 |
|---|---|---|---|---|---|---|---|---|
| 19 世纪 50 年代 | 15 | 150 | 4 662 | 640 | 775 | 66 | 46 | 5 368 |
| 19 世纪 70、80 年代 | 28 | 446 | 11 881 | 11 396 | 4 589 | 386 | 126 | 23 663 |
| 1900~1911 年间 | 26 | 500 | 58 866 | 17 350 | 12 842 | 525 | 213 | 76 741 |
| 1913 年 | 20 | 320 | － | 3 617 | 4 542 | － | 大多亏损 | － |
| 1917 年前后 | 12 | 120 | － | 2 757 | 442 | 307 | 大多亏损 | － |
| 1933 年 | 3 | 29 | － | 419 | 204 | 78 | 亏损 | － |

但是晋商股份制到了后期弊端逐渐凸显，具体表现为资本股股本总数不变、人力股不断增加，乃至人力股超过资本股，导致产权不清，影响了票号业的持续发展。以大德通票号为例，晋商票号后期资本股、人力股变化情况如下表所示：

**大德通各年账期限、身股者分红情况表**

| 年 份 | 银股数 | 人力股 | | | | | 收益股数 | 每股金额（两） |
|---|---|---|---|---|---|---|---|---|
| | | 股数 | 占银股 | 占收益股 | 顶股人数 | 人均股数 | | |
| 1889 | 20 | 9.7 | 48.50% | 32.6% | 23 | 0.42 | 29.7 | 850 |
| 1908 | 20 | 23.95 | 119.75% | 54% | 57 | 0.42 | 43.95 | 17 000 |
| 1925 | 17 | 15.3 | 87.42% | 47% | 43 | 0.35 | 32.3 | 8 000 |

由上表可知，到了晋商票号后期，人力股数超过银股数，逐渐地形成产权不清、责任不明的局面。晋商票号最终衰落，与股份结构的弊端有很大关系。

晋商股份制商号因家族分家而导致资本分离。中国传统社会的继承传统是多子继承制，而非西方社会的长子继承制。在晋商家族老人逝世后，会将财产分割给诸儿子，股份产权结构缺乏连续性。

晋商的股份制更是一种为分清股东责任和权益，便于分红和激励员工而制定的制度，而不主要是为了集资。其作为中国早期企业资本运营制度的一种探索和尝试，无疑推动了社会的进步。从形式上，与现代股份制相似；但无论从法律规范、产权制度，还是股东权利、义务等，都与现代公司治理结构下的股份制组织形式有本质的区别。

## 二、统而不死 形而不散

人们常说："高树靡阴，独木不林。"的确，一个组织的高效运行，首先需要设计一个合理的组织架构，即在劳动合理分工的基础上，设计出组织所需的管理职务和各个管理职位之间的关系，并以相应的机构为载体，使各项管理职能发挥应有的效用。经过这样一个有效的机构设置和制度安排，一个拥有数百、上千甚至上万的大型组织才能高效地运作开来。山西商人的主要经营者把松散的管理机构改造成为由上至下的总分号管理模式，并对不同层级的组织分层放权，这种统而不死、集权与放权相结合的总分号管理模式推动了晋商的长远发展。具体总分号组织形式如图所示。

坐镇总号的大掌柜即为该商号的总经理，也就是最高行政负责人。其余掌柜分别负责总号的一块业务，如营业经理负责"跑街"，账房先生负责"帮账"等日常财务登记与资金调度，分号掌柜（经理）负责各分号的日常经营

◆ 山西祁县乔家大院在中堂匾

乾隆五十四年（1790 年）乔贵发逝世于祁县乔家堡，享年七十二岁。乔贵发离世后家产一分为三，三个儿子每人分得一份，并且自立堂名，分别为"德兴堂"、"保和堂"、"在中堂"。而这三个儿子中只有小儿子乔全美继承了父亲的创业志向，致力于拓展生意空间。因此，"在中堂"旗下的家业发展最为迅速，资本也最雄厚。

决策。这些分经理分别向总经理即大掌柜负责。财东秉持“用人不疑、疑人不用”的原则选聘总经理后，全权委托总经理进行日常经营决策，平时并不参与商号的日常管理，到了账期后决定分红和下一财年的经理人选等事项。

分散各地分号的经理，由总号总经理直接任命，并向总经理负责。总经理在决定了分号经理的人选后，采用高度放权的管理模式。总经理并不过问分号的日常经营业务，只有在重大的事项中才给予各分号决定性的意见。

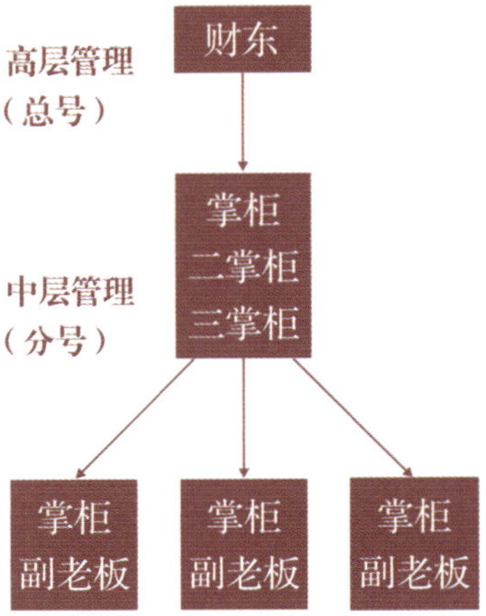


晋商总分号组织结构图

晋商高度放权的管理模式还必须依托严格的奖惩措施来维持。试想，在传统社会交通不便、信息闭塞的时代，拥有数百万两白银决策权的各分号，如果没有信用卓著的分号经理进行管理，总号资本安全性是无法得到保障的。

日升昌记

日升昌是位于平遥城的一家总号。晋商总号通常设立于其老家山西境内，由总经理坐镇总号，统领和遥控散布在全国乃至境外各地的分号，成为晋商商票号的权力中心。

其实，每一个晋商分号经理的成长，都需要十年学徒的历练才能够成为正式员工。然后在基层经过数十年的工作，经过各种考验才能够得到选聘。并且通过顶身股这样的长期股权激励措施，将个人利益与整个商号利益紧密地连在一起。在惩戒措施中，晋商采取集体主义惩戒措施，即若是在某一家商号中因违反号规而被解聘，那么所有的商号都不予以聘用。况且晋商的经营人员都是当地人，具有较强的同籍性。如果发生败德行为，将会使得所有商号及所有父老乡亲都知道并受到谴责，故败德成本较高。

以乔家为例，乔家聘请的总经理坐镇总号，除管理总号内部各项事务，还调控各地的分号。晋商商号、票号总号实为权力中心，凡经总号集体研究，由总经理最后定夺的经营决策、业务方针、存放汇兑等规章及人事管理制度，上自经理（包括分号老板），下至一般伙计，必须不折不扣地遵行，不准有违背。否则，即以违反号规论处。

分号的经理，也称掌柜，拥有商号业务的开拓权、资金运用权和人员管

内蒙古呼和浩特晋商商号德盛元旧址。

理权，但机构设置、资金调度、人事任免和盈利分配等重大权限均由总号控制。分号实际上是总号根据经营种类或区域范围下设的从属部门，虽然年终、账期也需向总经理及财东汇报经营绩效，但衡量标准不仅仅是看其盈利多寡，更重要的是分号对整体实力增强作出的贡献。

这样乔家组建了分层管理、分层授权的运作机构，再加上晋商传统互助精神的支持，就这样联动发展、互相促进、互相支持。到光绪初年，复盛公、复盛全、复盛西等字号的业务都保持了快速增长的势头，利润一年比一年丰厚。当时，乔家字号是三年结一次账，按股分红，每股分红都高达几千两白银。

总分号制，即财东独资或合资办商号，其总号设若干分号于全国各大商埠，总号与分号之间，分号与分号之间，是相互联系、相互支持的关系。由于晋商在长期的远途贸易中设立了广泛的商业网络，总号成立后，便将这些分支机构改造为分号，这样，商号就有了总分号制的特征。晋商总分号之间的关系可分为纵向和横向两个方面。从纵向方面说，总分号之间实行高度的中央集权制，分号的设置权、资金的调度权、人事的任免权和红利的分配权，皆归总号掌握，各分号只有业务的经营权、资金的运用权和人员的管理权，这有利于组织的集中统一管理；从横向方面说，各分号在总号的统筹全局之下，实行“酌盈济需，抽疲转快”的资金调度原则。

综上所述，晋商总分号制度从组织架构上实行了权责相统一的掌柜负责制；从资金调度上，实行“酌盈济需，抽疲转快”的方式。数百年的商业实践中，晋商能够应对各种市场风险，逐渐地发展壮大，实践证明这种管理制度是有效的。

## 三、疑人不用　用人不疑

委托—代理机制是一种代理人依据被代理人的委托，以被代理人名义实施民事法律行为，其法律后果直接归属于被代理人的法律制度。我国《民法通则》中规定，委托代理的形式有两种，一是书面形式，二是口头形式。经纪人进行委托代理时，应当以书面形式签订委托代理合同。

晋商当时的管理方式与现代委托—代理机制相仿，但不完全一样。现代企业制度下的委托—代理机制主要靠法律来约束，而晋商的委托—代理机制主要靠道德约束下的个人诚信。

晋商资本所有权与经营权分离的制度是比较彻底的。财东作为资产所有者一方，将资本委托于经理之后，就不再干涉企业的运营，也就是不再对经理如何运作加以干预，而是由经理全权领导，负责经营管理。这样，经理由于实际上掌握着财权和人事权，因此少了很多制约，可以放心大胆地进行认为可行的事情，从而在实践中更好地发挥其才能。对财东而言，他把资本交给自己信赖的经理后，将会有更多的精力和时间，从长远和全局上考虑整体结构的调整等重大问题，而经理为报答财东的知遇之恩，也会对企业的发展殚精竭虑，尽心尽职，从而使企业进入一种规范有序的良性循环状态。

光绪二十年（1894 年），高钰被任命为大德通票号的总经理，顶上了一份身股，这个决定在乔家掀起了轩然大波。高钰在乔家的铺子里默默地工作近二十年，从学徒到普通伙计，一步步走到今天。面对众人的质疑，乔东家只是微微一笑不为众言所动，宣布将号内的资本、人事全权委托给高钰负责，一切经营活动东家不再干预，掌柜则在商号内部实行高度集权制，一切大事均由其一人裁夺。

逐渐地高钰在大德通票号中树立了绝对权威。期间，正遇甲午战争，日寇的侵略不仅在中国政界掀起了一场风暴，而且极大地震动了商界。不少票

晋商商号的掌柜们

在晋商的店铺里有这么一批人，他们被称为“掌柜”，深受东家的信任和伙计的尊敬，他们是商家的舵手，驾驭着庞大的商业帝国，是商海的弄潮儿。乔家大德通的掌柜高钰就是其中一位代表人物。

号谨慎从事，开始收缩业务，而高钰掌管的大德通却泰然处之，继续大张旗鼓地扩张业务。票号内的伙计看到其他票号都在收缩业务，而自家却在继续拓展业务，不由心中惴惴，生怕乔家会翻了船。谁也没有想到，事态发生了急剧变化。由于清廷主动求和，票号生意并没有遭受损失。高钰高瞻远瞩，综合考虑了当时局势，认为日本不过是一个小国，再怎么强盛也不可能吞下整个中国。事实的发展证明了高钰见解的深邃与真知灼见。乔家由于在国家危急时刻能够坚持买卖，提高了信誉，赢得了大批相与，生意反而更加红火起来。

晋商这种委托—代理机制的形成，很大程度上是基于东家与掌柜之间的相互信任。聘用掌柜之前，先由财东对此人进行严格的考察，确认其人有所作为，能守能攻，多谋善变，德才兼备，可以担当掌柜之重任，便以重礼招聘，委以全权，并始终恪守用人不疑、疑人不用之道。一旦选中聘用，财东则将资本、人事全权委托掌柜负责，一切经营活动并不干预，日常盈亏平时也不过问，让其大胆放手经营，静候年终决算报告。掌柜在任期内，如能尽力尽职，业务大有起色，财东则给予加股（人身股）、加薪奖励；如不能称职，则减股减薪，直至辞退不用。

数百年的商场实践证明，晋商这种传统社会下权利集中、统而不死的制度设计和结构安排是比较高效的。

乔致庸画像

《晋商研究》中记载乔家对掌柜的规定："财东自将资金全权委诸经理，静候经理年终报告。平素营业方针，一切措施，毫不过问。每到例定账期（或三年，或四年，即决算期），由经理谒请，约日聚会，办理决算，凡扩充业务，赏罚同仁，处置红利，全由财东裁定执行。经理为建议首席，听其咨询。"

# 第二节 权责明确 赏罚分明

古人云“得人者昌”说的就是人才在社会各个领域的重要作用。晋商在数百年的商业活动中，一直将选择人才、培养人才作为工作的重中之重。在人才的选拔和培养中，晋商实行保举制和十年学徒制。择人之严位居全国其他商帮之首，无论学徒、一般伙计还是掌柜，一律不用“三爷”（少爷、舅爷、姑爷）。也正是这种严格的人才选拔与培养制度，为晋商乃至全国商界培养了大批优秀的商业人才。

关键词：考核 号规

## 一、得人者兴 失人者衰

“得人者兴，失人者衰。认真察看则得人，不认真察看则不得人。”这是山西商人的经验之谈。晋商从刚开始的粮布商、盐商、茶商逐渐地涉猎票号业务，实现晋商“汇通天下”的梦想。数百年的商业经营所积攒的人力资源和市场网络为晋商开展异地汇兑业务提供了便利。但是，经营票号业务的财东们还是将掌柜任用制发挥到极致。

现代企业理论告诉我们，企业总是和不确定性联系在一起。面对复杂多变的市场情势，选择一个能够胜任这种不确定性的决策人就成为财东们首要解决的关键问题。

在当时晋商的家族制度下，从伙计到掌柜都是终身制，一旦上任，便要终生恪尽职守、兢兢业业，为商号干到退休，因此崇信尚义的晋商，不会主

大德通匾

祁县乔家在中堂创办了大德通票号，其前身是大德兴茶庄，约咸丰时已兼营汇兑，同治初年专营汇兑，约光绪十年（1884 年）四月正式改名为大德通票号，总号设在祁县城内小东街。

动清退伙计，所以在经理的选用上是慎之又慎。经过几年时间的德行考察，乔家最终确定阎维藩为乔家大德通票号总经理的人选。正值阎维藩辞号归家之际，乔东家特意派家人准备了八抬大轿、两班人马在阎维藩返乡必经的路口前往迎接。一连等了数日，终于见到阎维藩骑马而来。苦等了多日的人们连忙上前，拦住阎的马头向其说明来意，并向其转达了乔东家的殷切之情，这使得阎维藩大为感动。乔致庸盛情款待了阎维藩，并当即聘请阎维藩出任乔家大德通票号的总经理。阎维藩见乔东家如此器重自己，不觉想起了蔚长厚对自己的处分，两下一比较，便觉乔东家对他有知遇之恩，不再推辞。

乔家的掌柜之一

据说，当时的晋商企业，每到年终各地经理齐集总号汇报工作时，由财东设宴款待，盈利多者坐上席，东家敬酒上菜，热情招待；盈利少或发生亏损者居下席，自斟自饮，受到冷遇。如果两三年都屈居下席，用不着财东说话，经理也只有自请辞职了。

## 二、严格把关　十年磨砺

晋商的财东把管理商号的全权委托给总经理，平时的业务往来及人事安排等，财东都不能随便干涉。虽然财东不得干涉商号经营，但早在商号成立之初，东家和掌柜就有约定，商号经理的选用一丝不苟，店员、学徒的录用也是十分严格，慎之又慎。票号的人员选用可以由掌柜说了算，但是必须按照规矩来。

当时，进入晋商商号工作是一种很荣耀的事情，需要有一定身份或地位的人举荐，并通过财东与掌柜及其他经理人员的联合考察，方能入号当伙计。对于初次入号的伙计，须由总号派遣资历较深者负责培训，或设立专门机构负责培训。

驰名中外的旅蒙商号——大盛魁，在外蒙古科布多就设有本企业的训练机构，对从晋中招来的15~16岁的青年男子进行专业知识训练。训练的科目种类繁多，在业务技术上，有打算盘、习字、学蒙语俄语、背诵平码、抄录信稿、写信、记账等；在职业道德上，则重信义、除虚伪、节情欲、敦品行、贵忠诚、

晋商的商铺巨贞川茶庄旧址

安徽亳州山陕会馆中的石雕，石雕图中有关于押镖的场景

鄙利己、奉博爱、薄嫉恨、喜辛苦、戒奢华。其中尤其注重吃苦耐劳的训练。如大盛魁初入商号的学徒，要到外蒙古锻炼，15 年不准回家。对有特殊要求的人员，还要进行骑马、驾骆驼等方面的特别训练，使他们各自练就一套“经商不让陶朱富，货殖何妨子贡贤”的过硬本领。

训练结束后，还要进行工作能力及道德修养的考核。具体的考核办法有：远则易欺，远使以观其志；近则易狎，近使以观其敬；烦则难理，烦使以观其能；卒则易难，卒问以观其智；急则易爽，急则以观其信；财则易贪，委财以观其仁；危则易变，告危以观其节；久则易惰，班期二年以观其则；杂处易淫，派往繁华以观其色。经过这样的严格考核后，才根据个人的具体情况分派各号任事。凡循规蹈矩、勤于号事、心地清楚者，不拘一格委以重任；凡懈怠浪荡者即予以辞退。

祁县乔家招收学徒的时候，还要经过考试。要求为年龄必须在 15~20 岁之间，身高 5 尺，五官端正，仪态大方，家世清白，懂礼貌，善珠算，精楷书，不怕远行，能吃苦。由于票号录用伙计十分严格，没有优秀品德的人是进不了号内的，加上要找殷实富商做担保，即使是晋中本乡本土之青年要进入票号都是难如登天，更不要说是外地人了。所以山西票号一般都是本地人在做事，主要不是因为票号歧视外省人，而是因为条件苛刻所致。

在经过一系列的考试通过后，择日进号。进号称请进，表示人才请入，前途不可限量。初进入票号的学徒，要当三年的练习生，没有薪水。除了食宿外，其他生活用品都要自备。每天干的都是提壶、倒水等杂务。入号后，总号派年资较深者任教师进行培养。如果表现不能令掌柜满意，或出了差错，就会马上出号遣送回家。熬过三年学徒生涯，得到掌柜的认可，才能正式转为伙计，也就有了获取顶身股的资格，然后再一步步地努力获取更高的职位，获得更多的顶身股份额。学徒制培育了不少人才，这些人才也就成为晋商的骨干力量。像曾任蔚丰厚京师分号经理的著名票商李宏龄、志诚信总经理齐炳南，他们都是从学徒做起，凭自己的勤奋与才干，最终出人头地。

晋商在录用、选拔职员时一般都是经亲朋好友介绍并经面试、考察后才进号工作的。这样严格的选拔，再加上师傅的严格教导、训练及号规的约束，不仅增进了对商号的了解，而且也在合作中增进了相互的信任和感情，团体意识得以加强。山西商人数百年不衰的根本原因就在于"江山代有人才出"，尤其是在实际的业务工作和艰苦的环境中给予每一个人的锻炼、考验，使他们不仅具备了商人的基本素质，还特别具备了战胜困苦的大无畏精神，才使山西商人在明清500年间纵横捭阖，几乎没有任何竞争对手能够阻挡他们南征北战的进军，甚至连犹太商人亦望之生畏。这就是严格的学徒制的良好效果。

## 三、家有家法　铺有铺规

晋商有谚称："家有家法，铺有铺规。"晋商号规极严，无论经理、伙计、学徒，均须遵守，其内容包括各分号与总号之间的关系、业务经营原则、对工作人员的要求等。王宝从进入票号的第一天就有掌柜来训导他们店规，就连休假也是有严格的休假制，一般规定号内从职工到掌柜，均为三年回家探亲一次（分号路远者，如东三省、蒙古、新疆等地为五年一次），称为班期。住家半年，往返旅杂费由号中供给，如遇婚丧等事，视情况予以补贴。号内包括掌柜在内，一律不准携带家眷，这些可都是铁规。

下面是摘抄大德通票号光绪十年（1884年）号规的部分内容，王宝这些伙计就是遵循着这样的号规，在商号开始他一生的辛勤劳动。

1. 在各分号之间，规定虽以结账盈亏定功过，但也要具体分析，如果本处获利，别的分号未受其害者，可以为功；如果只顾本处获利，不顾其他分号利益，甚至造成损害者，则另当别论。2. 在业务经营上，规定买空卖空，大干号禁，倘有犯者，立刻出号。强调生意之中，以通有无、权贵贱为经营方针。3. 对于工作人员，规定凡分号经理，务须尽心号事，不得懈怠偷安，恣意奢华；凡一般工作人员，强调和衷为贵，职务高者，对下要宽容爱护，慎勿偏袒；职务低者，也应体谅自重，不得放肆。4. 严禁陋习。规定不论何人，吃食鸦片，均干号禁。前已染此弊者，责令悔改，今后再有犯其病者，依号规分别处理。各分号难免有赌钱之风，今后不管平时过节，铺里铺外，老少人等，一概不准，犯者出号。游猖戏局者，虽是偶蹈覆辙，亦须及早结出，刻不容缓，严行禁之。

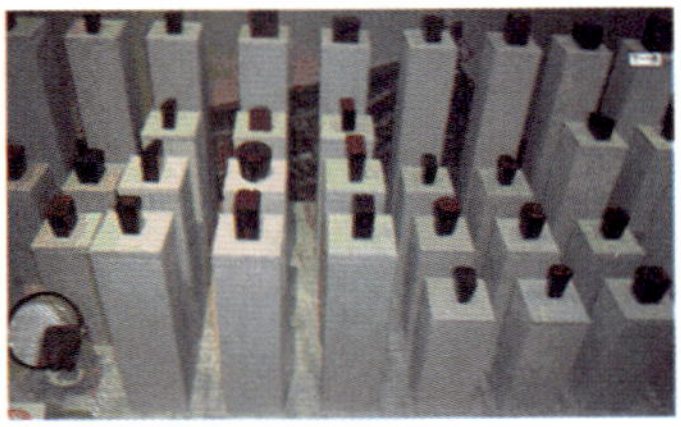
晋商商号使用过的各种印章

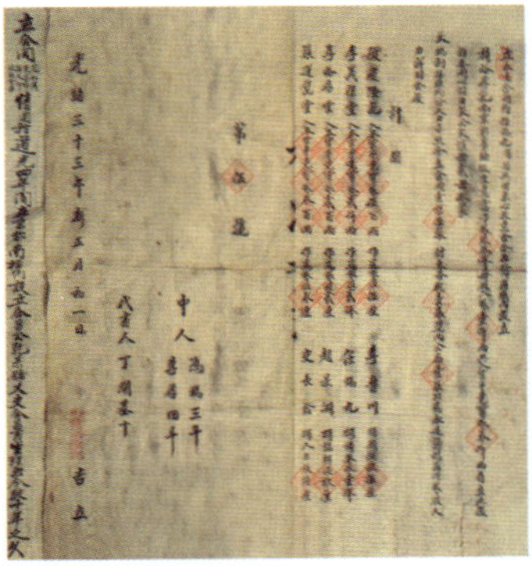
晋商合同

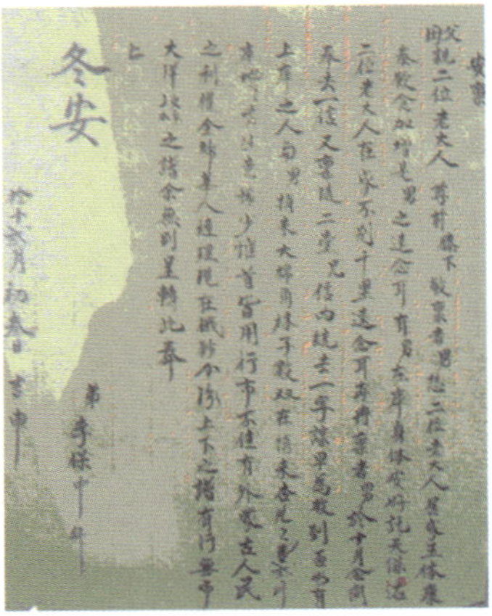

晋商商号中的伙计所写的家书都要经过检查才可以寄出

掌柜们告诉王宝这些伙计，之所以制定如此严格的号规只有两个目的，这也正是号规的两大块内容：一是经营管理的一系列措施与相应的对策；二是票号对号内同人的严格管理及提出一套工作纪律。

有意思的是，在票号的伙计中慢慢流传开了“上下班”的说法，伙计被派往分号谓之上班，回总号谓之下班，班期一般为三年，后期减为两年半。其间无特殊原因者禁止私自回家。为了防止伙计利用“上下班”机会作弊挟私，号规规定上班伙计临行前必须将自己随身所带衣物交总号人员检查登记。伙计在外所购置的衣物，也必须随时申报核实，留下记录。下班之时，不能私自先回家，而必须先在总号报到，核实所携衣物有无出入。如有不符之处，即按违反号规处理。另外，分号伙计如要往家中汇款或寄物，必须经过总号转手，不准私自汇寄家中，以免有挟私犯科之嫌。此外，号规还严格规定了票号中人必须遵守的禁律，以防微杜渐，不因小失大，如不准携眷外出、不准在外娶小纳妾、不准宿娼赌博、不准染习不良嗜好等。对于违规者，无论经理还是伙计，都要严加处理，直到开除出号。

山西票号之所以能称雄商界一百多年，就在于它制定的票号号规极为严密全面，杜绝了票号中人可能会造成的疏漏或损害，也尽可能地杜绝了形形色色的金融诈骗活动的发生，把金融业务纳入了一个严谨规范的轨道，再加上顶身股的诱惑，票号中人一般都能严格遵循号规行事。

## 四、干股分红　长期激励

三年的学徒期，经过考试选拔招收的学徒们干着商铺里最苦、最累、最脏的活计，却没有一分的薪金。三年期满，掌柜们点头，学徒才能成为正式伙计。

山西票号商人认为，一个票号经营业绩的好坏，与票号中的总经理、分号经理、大小管事、伙计及学徒是否全心全意为票号服务密切相关。如果票号中员工的工作不与收入挂钩，或者说他们感觉到是在为别人卖命，每个人

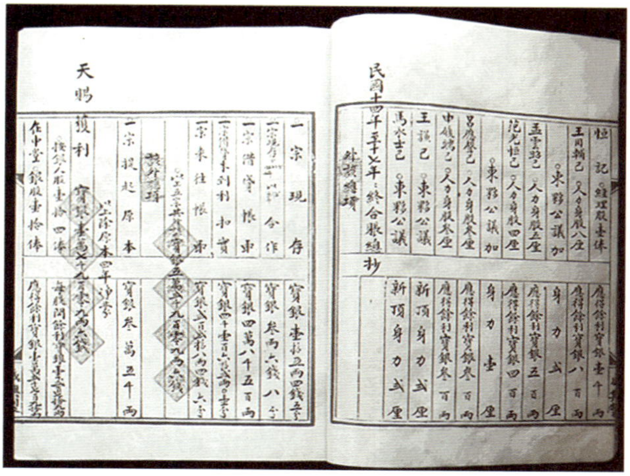

晋商身股账抄本。身份股数并非固定不变，而是每隔一定时间根据员工工作实绩进行增减，由此对已顶上身股和将顶上身股的员工都产生了明显的激励和约束效应。

的工作热情就会大大降低，就会产生偷懒及怠工现象，影响票号的经营业绩。山西票号商人并不单纯追求短期利益，而是更重视长远的收益。他们根据经理、管理、伙计的才能及其表现，确定各自所得顶身股的份额，并参与账期分红。

出徒的伙计，主要收入就是薪金。在票号员工中，除主要经理人外，都有薪金。薪金一般按年计算，一年一次或两次发放。薪金的数量因年资、职务的不同而不同。票号里的员工，除薪金收入以外，到年底还有一种类似于年终奖金的收入，称为“赏金”。赏金发放的数量，一般根据薪金的多少而来，薪金多者则多，少者则少，约为薪金的几分之一。分号的伙计还有部分支使银，也就是服装、被褥的购置费。衣资银虽只是一种福利性补贴，但对资历浅的员工来说，却是一笔可观的收入。一个初入分号的员工，一年薪金不过几两银子。而每月衣资银就有5钱，一年合计为6两，对初入分号工作的员工来说，一年的衣资收入，很可能超过其薪金收入。总之是让初入号的伙计们吃得饱穿得暖。

凡是商号中的掌柜、伙计，虽无资本顶银股，却可以自己的劳动力顶股份，并与财东的银股一起参与分红，但顶身股者不承担亏赔责任。总经理身股多少由财东确定；商号内各职能部门负责人、分号掌柜、伙计是否顶股，顶多少，由总经理确定。身股的多少按照每个人的工作能力和绩效来确定。

晋商在人事劳资上首创的人身顶股制，是

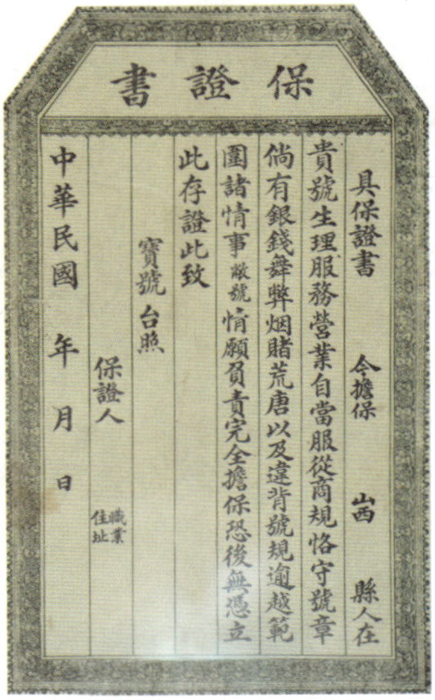

保證書

具保證書 今擔保 省 縣人在
貴號生理服務營業自當服從商規恪守號章
倘有銀錢舞弊烟賭荒唐以及違背號規逾越範
圍諸情事敝號情願負責完全擔保恐後無憑立
此存證此致
寶號台照
保證人 職業 住址
中華民國 年 月 日

晋商保证书

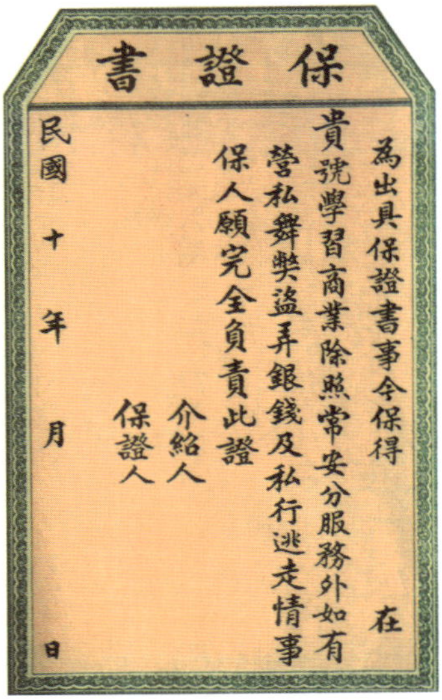

保證書

為出具保證書事今保得 在
貴號學習商業除照常安分服務外如有
營私舞獘盜弄銀錢及私行逃走情事
保人願完全負責此證
介紹人
保證人
民國十 年 月 日

晋商用人一般要有殷实铺保引荐，若所用之人有违犯号规之事，则通知其引荐人来号，将人领走。如后果严重，连引荐人也要受株连，因而引荐人慎诚敬畏，丝毫不敢懈怠。

山西运城万荣李家大院



一项协调劳资关系、调动工作积极性的措施。山西商人通过上述做法，把店员个人利益与商号利益、财东利益紧密联系在一起。下层伙计和学徒为了登高位、顶股份，努力为商号工作，使劳资关系得以协调。当然，顶身股也有弊端，如在其业绩的前提下，还论资排辈顶股，限制人才脱颖而出。

人身顶股制是满足职工自尊和自我实现的需要，很好地调动了职工的工作积极性，其属于激励因素，也称为内在激励。山西商人把职工的利益与企业的利益结合在一起，从掌柜到伙计，无不殚精竭虑，尽心尽力，工作上不敢有丝毫懈怠，促进了管理人才的出现，提高了商号的经济效益，增加了商号的经营水平和竞争力。这是山西商人纵横捭阖商界500年的法宝之一。

从晋商顶身股早期的实施情况来看，的确起到调动员工积极性、将员工个人利益和企业利益统一起来、保持员工队伍的稳定等积极效果。但是，随着时间的推移，银股股数相对不变，而身股股数却逐年增加。导致后期的身股股数超过银股股数，最终出现产权不清、职责不明等混乱现象。

晋商在中国商界首创的股份制、经理制、顶身股制度都有力地促进了中国商品经济的发展，这些先进的管理理念是在长期的摸索中总结出来、积淀下来的，至今仍不过时。中国企业急需修炼内功，挖掘晋商的管理思想，这对当今企业来讲意义深刻。

# 第三章

# 晋商的营销智慧

营销管理是企业以市场需求为中心，如何发现、创造和交付产品，从而获取利润的经营管理活动。晋商在商业活动上的巨大成功与其正确的营销理念、合理的营销策略以及开展公益事业的营销活动有着密不可分的关系。诚信经商引导着晋商把客户作为上帝，以义制利则是晋商的精神追求。积极开展公益活动则为他们树立了良好的社会形象，赢得了社会的赞许和认同。这就是晋商的营销智慧的实质，也是中国现代企业必须高度关注的问题。

# 第一节 营销理念

营销理念在企业的营销活动中居于至关重要的地位，它是企业开展具体营销活动的指导思想和终极原则。企业只有树立正确的营销理念，才能顺利完成营销活动，赢得市场，获取利润，塑造良好的企业形象，在激烈的市场竞争中立于不败之地。

关键词：诚信 以义制利

## 一、诚信经商

明清时期，晋商由于经营盐业、茶业、票号等获得巨大利润，晋商以资产雄厚、善于经商而享誉海内外，雄踞十大商帮之首。晋商究竟是怎样创造了如此辉煌的业绩？其秘诀就是晋商坚持诚信经商。

孔子说："人而无信，不知其可。"孟子也说："诚者，天之道也。思诚者，人之道也。"可见，古人非常重视诚信，将诚信作为人最基本的道德规范。如果一个人不讲诚信，就难以立足于社会。

唐朝张弧在《素履子·履信》中说道："天失信，三光不明；地失信，四时不成；人失信，五德不行。"这就把诚信上升到了一个更高的高度和境界，认为诚信是天地之间最高的真理。

诚信观点是儒家伦理道德思想的核心，晋商作为封建社会的传统商人，都将"诚"、"信"作为其立身经商的指南。深受儒家思想熏陶的晋商，在为人处世和经商活动中也重视诚信。晋商认为诚信不欺是经商长久取胜的基本因素，所以把诚信看得高于一切。他们认为经商虽以盈利为目的，但凡事又以道德信义为标准。张正明在《山西工商业史拾掇》中说："虽亦以营利目的，凡事则以道德信义为根据……故力能通有无……近悦远来。"山西商人在经商活动中总结出许多经商诚信的商谚，如："宁叫赔折腰，不让客吃亏"；"买卖不成仁义在"；"售货无诀窍，信誉第一条"；"秤平、斗平、尺满足"。可见，诚信不欺是山西商人经营活动中严格遵循的一个信念。如盂县人张炽昌，"贸

资忠履信匾

易关东，与人然诺，坚如金石，一时侪辈推为巨擘”。盂阳的《续修张氏族谱》中记载：“洪洞人王谦光经营山东盐时，不少商人率辄心计，尚诈伪，由是术辄倍息，独君异其趣……人咸谓君长者，多倚为重，后累致万金。”

“诚信”是生意场的座右铭。晋商的诚信准则要求生意人不仅要精通业务，还要讲求诚信，与人诚心相处，严于律己，宽以待人，养成良好的道德修养。从民间抄本《生意论》的部分内容，我们可以看出晋商的诚信品质。

不走邪巷，不道他人之短；不欠外向账目，光明正大；不思义外之财；不听优唱，不听耳目之语，浪费钱财;待人接物，一团和气，勿使骄傲以责人。

举止端严，不施轻狂之态，令人不雅。合屋中屈己待人，和容悦色，毕恭毕敬。敬人者如同敬己，不敬人者不指人敬。不多言，忍耐何妨。

这是强调商者要谦恭有礼，与人为善，要光明磊落，宽容大度，而这些优良品质正是晋商恪守的商业准则和行为依据。

可见晋商都崇尚诚信，认为诚实不欺是待人之本，是与顾客沟通的重要桥梁。所谓“诚招天下客”，只有诚信经商，顾客才会信服。否则，玩弄机巧，顾客就会敬而远之，这反映出他们在商业上的远见卓识。晋商深谙营销之道充分体现在其以诚待人的处事原则和以信行贾的营销思想上。

## 二、以义制利

“义利之辨”是儒家思想中的一个重要命题。儒家尚义贱利，提倡“先义而后利”，主张“义以生利”。晋商把儒家的义利观奉为营销活动的重要指导

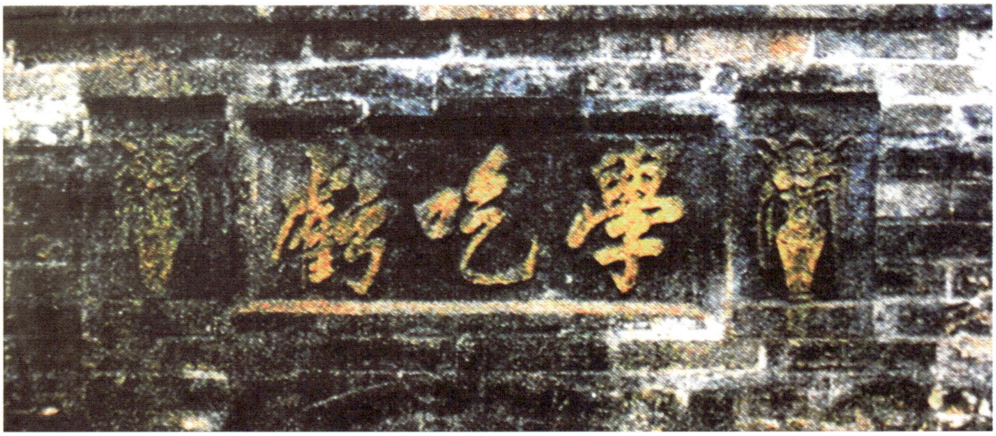

晋商大院的门额上，经常可看到这样的匾额，告诫后人应做到“慎俭德”、“学吃亏”。

思想。在经商中讲究见利思义，不发不义之财。讲求“君子爱财，取之有道”；“诚招天下客，义纳八方财”；“仁中取利真君子，义中求财大丈夫”。这种以义制利的观念为晋商树立了良贾的形象，这也是晋商能够称雄商界 500 年的重要法宝。他们通过诚实劳动，获取合法的商业利润，不贪图超额利润。明代山西蒲县商人王文显说：“夫商与士，异术而同心，故善商者处财货之场而修高明之行，故虽利而不污。善事者引先王之经，而绝货利之途，是故必名而有成。故利以义制，名以清修，各守其业，天之鉴也。”祁县大德通票号存款户以山西本省最多，放款却多在外省。1930 年蒋阎冯中原大战后，晋钞大幅度贬值，约 25 元晋钞才能兑换 1 元新币。当时大德通如果对存款户以晋钞付出，可以

◆“忠义参天”匾，体现了晋商崇尚诚信的理念。

趁晋钞贬值大赚一笔。可是大德通票号不惜动用历年公积金，不让存款户吃晋钞贬值的亏，使票号信誉卓著。光绪《山西通志・义行录》中记载 :“山西皇商介休范毓馪颇重义气，康熙时官办黄铜，有王某者亏帑 83 万银两。既死，范氏则代王某按期如额赔补。”正是这种以信义为先的思想，使得山西商人不但公平竞争，而且又相互扶持，形成了独特的相与之道，维护了山西商人整体的良好形象。

祁县乔家的著名商人乔致庸曾将经商活动总结为三点，第一为讲信，第二为讲义，第三为讲利。可以说是对晋商以义制利的经营价值观的高度概括。

晋商“义中取利”的实践活动提高了市场营销中的声誉,只有“因义用财”才能开辟财源,使之流而不竭,收到赚大利、发大财的效果。晋商作为“儒贾”，将“重义轻利”作为其经济营销行为的道德规范之总纲。

# 第二节　营销策略

山西商人在其鼎盛时期商业网络遍布大江南北，长城内外，足迹可谓遍天下，同时他们还是国际贸易的先驱。晋商如何在商业营销上取得如此巨大的成功呢？这与晋商独特的营销策略是分不开的。

关键词：薄利多销　相与

## 一、坚持薄利多销

薄利多销是晋商在经营活动中的营销谋略之一，也是晋商成功的秘诀。晋商在经营活动中经常采取薄利多销的策略来打败竞争对手，赢得市场。

李梦阳的《空同集》卷 44 中记载：“明代蒲州商人王文显经商四十年，百货心历，其为商善心计，识重轻，能时低昂，以故绕裕人交，信义秋霜，能析利于毫毛，故人乐取其资斧。”

又如祁县乔家包头复字商号不图非法之利，薄利多销，其所售米面，从不缺斤短两，不掺假图利；其所用斗称比市面上商号斗称都要略让些给顾客。于是包头市民都愿意购买复字号的米面，生意越做越好，收到了薄利多销的效果。

晋帮商人在经营活动中，还总结了许多薄利多销的经验，归纳为商谚，如：“不怕不卖全，就怕货不全”；“生意没有回头客，东伙都挨饿”；“能打会算，财源不断”；“买卖不算，等于白干”等。

《空同集》书影

从营销的角度讲，商家和顾客之间的关系决不是一方盘剥另一方的关系，而是互惠互利，相互依存。只取不予，贪图大利，虽然能带来暂时的利益，但却毁坏了双方合作的基石。大多数晋商正是看到这一点，才自觉地薄利经营。

## 二、迎合市场需求

美国营销学专家菲利普·科特勒认为，市场营销者并不创造需要，而只是影响了欲望，并试图提供能合理满足需要的产品来引导需求。所以，产品实际上是向消费者传递所需服务的工具，成功地将商品和服务推销出去是企业营销成功的关键。这就要求企业以顾客至上，充分掌握市场需求的动向，出奇制胜，灵活机动地进行经营和销售。

山西商人根据市场需求，积极组织货源，以优质热忱的服务，满足顾客的愿望。如蒙民以肉食为主，而砖茶有克食清肠的作用，所以蒙古市场有着砖茶的大量需求。大盛魁审时度势，自设茶庄，加工“三九”砖茶。牧民喜欢用结实耐穿的斜纹布制衣，大盛魁便大量购进，以满足牧民需要。面对蒙民和喇嘛专用物品的需求，大盛魁则实行专门订货，绝不随意采购。如蒙靴、马毡、木桶、木碗和喝奶茶使用的器皿以及寺庙喇嘛用品，都是选择技术精湛的工匠特别定制，从而保证了商品品种齐全、质量过硬。为了多做买卖，他们还精心研究蒙古人的生活习惯，尽力满足于消费者的需求。蒙民不长于算账，他们就把衣料和绸缎裁成不同尺寸的蒙古袍料，任蒙人选购。蒙医治病习惯用72味、48味、36味、24味四种药包，大盛魁就将中药按此分包，药包上用蒙、汉、藏三种文字注明药名和效用。甚至每年冬至以后，用白面和羊肉加工大量饺

“川”字砖茶

晋商经营茶叶的独到之处，就是运销一条龙。晋商在福建、两湖、安徽、浙江、江苏一带购买茶山，同时收购上茶叶以后就地加工成砖茶，然后经陆路、水路两条路线运往他的各个分号，晋商的茶叶主要销往蒙古及俄国一带。

灵活精明的旅蒙晋商

子，经过自然冷冻，运往蒙古包销售。总之，不论什么商品，只要蒙人需要，他们就经营，真可谓服务到“心”了。

大盛魁还针对蒙古人的特殊状况采取不拘一格的销售方式，如由于蒙古牧民过着游牧生活，居住点不固定，晋商便采用流动贸易形式，组织驼队，深入牧区，送货上门。由于蒙古人手中没有大量现银，于是大盛魁采取赊销的办法，到期也不收取现金，而以牧民的畜产品折价偿还。然后再将这些畜产品转运内地销售，获取双倍商业利润。既然是赊销，自然要计利息，以商品赊销金额本金再加上利息，折合为牲畜或皮张若干，到期用实物还本付息，于是又获得了一笔高利贷的利息收入。

此外，大盛魁的掌柜和伙友还专门学习基本的医术，掌握了针灸的技术，因此在外做生意时，随身携带常用药品，边做生意边帮牧民医治小病。通过义务医病，赢得牧民的好感，与牧民建立深厚的友谊，同时也赢得了顾客对大盛魁商号长期的信赖，培养了忠诚顾客。

寿阳商人则采取春赊秋收、故意留尾的办法进行赊销。农村老主顾春季换季缺钱、急需整修农具时，商号尽量赊给他们以解燃眉之急，使其感激，但决不作价。秋季粮食收仓时，即派人收账，场上过斗，边收边装，到收得差不多时，故意留尾，来年再算。待第二年重新开张，老主顾仍然是老主顾，相互关系长年不变。

市场是营销的目标，能否满足市场需求是营销成败的关键。晋商无论是开展业务还是销售商品都把消费者的需求作为营销策略的中心，从而扩大了市场占有率，提高了盈利水平。

## 三、慎重对待相与

晋帮商人重视稳妥经商，慎重对待相与。“相与”是晋商对生意合作伙伴的通称，所谓慎重对待相与就是不随便建立相与关系，但是一旦建立起来，

◇ 复盛公——拜免债务

民国十一年（1922 年），包头城一家商号财东杨老五欠了复盛公号 6 万两银子，确实无力偿还，等到乔映霞来包头巡视，杨老五就来到复字号，给乔东家磕了一个头，此事就算了结。

则要同甘共苦，善始善终。晋商选择“相与”的目的一方面是为了在生意上开展合作，共同获取商业利润，更为重要的是遇到危机时互相帮扶，增强抵抗市场风险的能力。

山西祁县乔家的复字号，尽管其资本雄厚，财大气粗，但在与其他商号建立相与时却是非常谨慎的。只有当通过了解相关信息确认该商号诚信可靠时，才与之建立业务关系。否则就婉言谢绝，其目的是不想卷入不必要的麻烦中。对于已经建立起来的相与商号，倾尽其力地给予帮助和扶持。即使对方生意出现意外，也不轻易催逼债务，不诉诸官司，而是竭力维持和从中吸取教训。复字号认为，即使本号吃了亏，别的商号沾了光，也不能诉诸官司、把钱花在衙门里。广义绒毛店曾欠复字号 5 万银元，仅以价值数千元的房产抵债了事。

著名的大盛魁商号与天亨玉商号是“相与”，平时两家就互相帮扶，关系密切。在天亨玉快要倒闭时，便登门求大盛魁拉一把。作为“相与”，大盛魁慷慨借巨银，帮天亨玉渡过了难关。后来，在大盛魁遇到困难时，天亨玉也倾力相助，使大盛魁转危为安。

晋商深受中国传统文化的熏陶，晋商相与之道的精髓在于坚持和气生财、和为贵的传统美德，将其灵活应用于商业活动，起到了化解矛盾和冲突的积极作用，创造了一个和谐互助共赢的地域性商业团体。

总之，晋商作为明清时期的一大地域商帮，有着浓厚的封建性。他们深受传统文化的熏陶，崇尚儒学，把儒家的诚信观、利义观遵奉为营销理念，实行注重质量、薄利多销、迎合市场需求的营销策略。此外，他们还热衷于公益事业，间接地扩大了其在商界的知名度和美誉度。

# 第四章

## 晋商的资金管理

晋商纵横商界几百年，他们把资本的运作使用到了极致，很多商人把商业资本和金融资本融为一体，既投资商品经营资本，又投资货币经营资本。晋商的商业资本和金融资本的相互依存，是山西商人经商的一大创新，形成了银企互济、高效融资的合理机制，既加速了资本的周转和增值，又壮大了晋商的经营规模，支持了晋商近代的盛世。

山西商人投资商业，也投资“银行”，往往一个财东既有商店，又有票号、钱庄，如介休冀家有绸缎、茶叶、皮毛、布匹、杂货等商号，又有账局、钱庄、票号、当铺等金融机构。晋商的金融业首先是支持其百货业的资金需要，可以说晋商以商业和金融业相互渗透、混合生长的形式，形成了高效融资的机制，加速了资本周转和增殖，支持和完善了晋商资金运作的法宝——“酌盈济虚，抽疲转快”。

# 第一节　正本创业　副本护航

所谓筹资是指企业为了满足投资和资本运作的需要，筹措和集中所需资金的过程。企业从各种渠道以各种形式筹集资金，是资本活动的起点。晋商在其资本运营中，早期曾先后实行了独资制、贷金制、合伙制，但由于时代的发展，这些资本的运营制度已经远远不能适应大商业和大流通的需要，晋商便顺应需要，适时调整，实行了新的资本筹集管理制度——股份制。

山西近代的企业筹集资金均采用股份制，在股东责任方面，和中国古代商号一样，实行着无限责任制，即股东对企业产生无限连带责任。晋商企业的资本分为正本和副本两种。正本是山西企业经营活动的基本资金，但为了抵御风险，防止亏损倒账，未雨绸缪，他们还筹集各种副本（提取公积金），积累资金，作为票号资本用于运营，预防信用风险，适应了当时晋商发展的需要，调动了财东、经理人员和普通员工的积极性，使得晋商的激励机制更为有效，实现了一定程度的制度耦合，从而使其功能得以充分地展现。

关键词：资本筹集　正本　银股　副本　倍本银

## 一、广募集　众投资

所谓正本，即财东的合约投资，每股几千两到数万两不等，可按股分红，但无股息。一般正本都是银股。银股所有者在商号享有永久利益，可以父死子继，夫死妻继，但对商号的亏损负有无限责任。银股、身股每股的数额各号不一。如蔚丰厚票号资本银 17 万两，每股以 1 万两作股，加上人力股，共 50 余股。宝丰隆票号资本银 26 万两，分为 13 个银股，每股即 2 万两。银股和身股每到一个账期后都参与分红，一般按照银六身四的比例进行分红。例如，泰丰厚票号光绪三十四年（1908 年）共获利银 12 090 两，按银六身四分，银股分红利 7 254 两，身股分红利 4 836 两。银股共 12.5 股，每股（1 000 两）分红利 216.6 两。

关于资本正本的筹集，最典型的案例当属晋商保矿运动。1897 年英意联合福公司，把山西矿产开采权作为猎取对象，通过签订《请办晋省矿务借款合同》五条和《请办晋省矿务章程》二十条两个协议掠夺山西矿产资源。从此，山西商界掀起了轰轰烈烈的保矿运动，也催生了一个近代企业的诞生。

1906年，在太原群众争矿集会上，绅商的杰出代表渠本翘登台演说，明确表态与山西父老一道收回矿权。同时，以刘笃敬等为代表的资产阶级上层人士着眼于收回矿权后的自办商讨对策，并将废约争矿目标锁定为“赎矿自办”。于是，热衷于近代商业投资的山西实业人士开始酝酿筹建保晋矿务公司。

保晋公司所需筹集的资本既要赔偿英国福公司的白银二百余万两，也要保障公司正常的运作。保晋公司向全省的商贾和衙门发出呼吁，在短短几日内山西各个商号的财东纷纷慷慨解囊，拿出了一百余万两白银，又从全省各县钱粮亩捐公股和个人募集私股中拿出白银117.9万两支垫。保晋公司顺利成立，确保了争矿的最终胜利。

保晋公司和晋商旧时商号一样都采用股份制，其主权机关是股东大会，

晋商票号的地下银库

义顺银楼

规定股东大会举行时，凡股东皆可参加，凡出资股银 1 500 两有一决议权，多者递加，最多可得二十权。除了对决议权有明文规定外，对当选董事和监察人，也有明文规定：当选董事和监察人，公股者必须有股银 1 500 两以上，私股者必须有 2 500 两以上。一般的股东并没有多少股银，投入巨资的只能是少数热心于开办新式企业的地主、商人和票商。就保晋公司的几位经理来看，也都是由经济实力雄厚并在社会上有相当地位的人担任的。第一任经理渠本翘是山西头等票商和山西最早的实业家之一，出任经理前是清政府的分省尽先补用道。保晋公司成立时，仅他一人就入股 5 万两。第二任经理刘笃敬是全国闻名的“刘百万”，是山西电力事业的创始人，他出任经理前，曾担任过清政府的刑部主事和山西商会会长。

地主、商人和票商热衷于投资新式企业的结果，使他们转变成为山西第一代民族资产阶级。保晋公司几次修订的章程中，都明文规定：“只收华股，不收洋股，附股者如有将股票售于洋人与外人，经本公司查知，或经他人转告，立将所入之股，注销不认。”保晋公司的这一爱国宗旨，具有巨大的凝聚力，其不但成为立企之本，而且在极其困难的条件下求生存图发展，展示了民族工业自强不息的风采。保晋公司的股东的合约投资，没有股息，只享受红利。

晋商广泛采用股份制吸收资本，每股几千两到一万两。票号的正本资本，被称为“银股”，

大同保晋公司旧影

**延伸阅读**

**大同保晋公司**：光绪三十三年（1907 年）春，经清政府中央农工部批准，山西商办全省矿务有限公司正式成立。商界人士一致公推渠本翘为总经理，总公司设在太原海子边，并在平定、寿阳、大同、晋城、石家庄、保定、北京等地设立分公司或分销处，统掌山西全省的煤炭开采和销售业务。

山西阳泉北山保晋公园

山西商辦全省保晉礦務有限總公司股票

山西商辦全省保晉礦務有限總公司為發給股票事今據寶善堂交到股本庫平足銀伍兩計作壹股除隨付息摺外合行填給股票須至股票者

| 讓出人署名簽印 | 受票人署名簽印 | 經理人署名簽印 |
| --- | --- | --- |

此表專為股東將股票輾轉讓受而設凡有讓受股票者必須新舊股東親到本公司或代本公司經理股票處於表內簽名畫押方能作憑壹無違碍

年正月初壹日

保字第壹萬捌千肆百柒拾貳號

保晋公司股东的股本合约

这是因为在当时的货币制度下，大宗货币多用银两，票号集股也以银两计算。银股计量单位分为两级，一级为“俸”，俸下为“厘”，一俸银股可为 10 厘，厘即为银股的最小计量单位。每俸银股的具体银数，则由各票号创办者商定，并无一定，但一般均为整数。从现存记载来看，各票号每俸纳银，高者有达 10 000 两白银，低者有 5 000 两、2 000 两白银，悬殊很大。例如，同治十二年（1873 年），太谷志成信票号合约规定：“按每两千两，作为银股一俸。”光绪五年（1879 年），平遥蔚泰厚票号合约则规定：“每足银五千两，作为银股一俸。”每俸银股的纳银确定之后，便由出资者根据自身财力认纳，或 1 俸、2 俸，或 5 厘、8 厘不等。每家票号的投资个体，往往达到 20 多个，少者也有 10 个之多。其所投资金的数量，占有股份的多少，都被明确记载于合约之中。如志成信票号和约中，记载投资最多者有“要汝霖入本银四千两作为银股二俸”，其次有“入本银三千两作为银股一俸五厘”者 1 例，“入本银两千两作为银股一俸”者 8 例，“入本银一千两作为银股五厘”者 11 例。总共投资白银 34 000 两，合银股 17 俸。由这一事例可见，山西票号在资金的募集方面，无论所集股俸总量或集股俸数，均无一定要求，而是因时而定，顺其自然。

## 二、提公积 防风险

所谓副本又称护本，有两种：一是财东除正本以外存放在商号或票号的资本；另一种是“统事”或“资本”即东家、经理及顶身股伙计在结账期从其所分到的红利中，提留一部分存入号内只领息而不分红，日本学者称为“辅股”。

所谓“倍本银”的名称比较多，有“统事”、“备防”、“伙友防身”等，其实就是利润向资本的转化。日升昌在光绪十年（1884 年）改组时，投资 10 万两白银，分为 20 俸。到光绪十八年（1892 年）结算，每俸增倍本银 1 500 两，共倍本 3 万两，总资本增为 13 万两。光绪二十二年（1896 年）结算，又增倍本银每俸 500 两，共倍本 1 万两，总资本增为 14 万两。在其后的光绪二十六年、三十年、三十四年（即 1900 年、1904 年、1908 年）的几个结算期也都有不同数量的倍本银被增入总资本，使总资本银达到 20 多万两。倍本银的增入，每次都在结算期间，而倍本银的数量又次次不尽相同，这显然不是新集资本，而是将部分利润提了出来，增加到原有资本当中。所以，倍本银就是一种追加投资，只是它来源于利润，为了与原有投资区别开来，被赋予了特殊的名称。

所谓“护本银”，性质与倍本银相近。护本银名目，见于光绪十年（1884 年）的日升昌票号改组合约，该合约规定：“以每足纹银五千两作为一俸，每俸随护本足纹银两千两。”其原因是：日升昌票号在咸丰十年（1860 年）开办票号时，共集银股 10 俸，每俸大概为白银 5 000 两，总资本 5 万两。到光绪十年（1884 年），已经过 6 次结算，总资本也增至 7 万两。这时需要进行重组，以吸纳新的投资加入。于是，老号资本就有必要重新编制，以体现老号已有的经营成果。为了保持老号创办时的习惯，老号资本仍按总共 10 俸，每俸 5 000 两白银的标准进行编制，其多出的 2 万两，便被以“护本银”的名目附于正名银股之后。由于这两部分资金的存在，票号实际运营资本一般都大大超过名义资本。当时日升昌的每个分号的可用银两早已经超过 5 万两之数。

副本有两个来源：一是“倍本银”，二是“护本银”。两者虽然来源不同，但是作用极大。特别是出现挤兑风潮或者竞争对手故意汇兑的时候就更加显示出其巨大的威力。

## 第二节　酌盈济虚　抽疲转快

清代中期，凡是山西商人活跃的地方，都出现了钱市。每日清早各钱商集聚在固定地区，进行实物与银两的交易，并由钱业行会组织管理，操纵行市和汇水，这钱市实际上具备现代金融交易的某些特征。酌盈济虚，抽疲转快，致使资金得到最大限度的利用，获得最大的收益。山西商人依靠总号和分号之间、分号与分号之间，快速地调拨资金，让银子像水一样快速地流动，产生了最大的效益。清朝后期票号产生后，票号也参与其中，成为“酌盈济虚，抽疲转快”的重要一员。

关键词：股份之争　票号　账期　分红

### 一、王发令　侯执行

一些经营年代久远的山西商人，一般都拥有众多的产业。晋商对其各个产业实行产权的分离和经营权的细化，创造出总号辖分号、大小分号连锁管理办法，对于分号的内部经营，总号并不干涉。总号为分号制定了严格的号规,保证了分号自主决策、独立核算制度的顺利进行。总号还通过“酌盈济虚，抽疲转快”的原则，对资金进行调配。所谓酌盈济虚，抽疲转快，是指在总分号之间、各分号之间调度资金，增加放贷，扩大利润的做法，这是晋商货币资本经营中的重要办法。

以票号为例，每家票号均有总号和设在各城镇的分号数十个。与此同时，一些大商号随着业务的发展，也在许多城镇设有分号，于是甲地票号即先在乙地商号付款，乙地商号收到货物后，出现了异地调拨资金的需要。此外，各地票号由于所处地方经济状况和自身业务经营状况不同，以致各票号在现银盈绌和行市疲快上也有所不同，遂出现有的票号现银多，款放不出去，资金闲置；有的票号现银短绌，利率上升，无款可放。如果靠运送现银解决上述矛盾，必然费用高昂，费时费人，既不经济又不安全。为了解决上述矛盾，山西票号在实践中逐渐创造出一种“酌盈济虚，抽疲转快”的办法来调剂运用资金。也就是在不运送现银的情况下，同一总号的票号在两地开展汇兑业务，以解决现银盈绌问题。例如，甲地票号分号现银短绌，而同一总号的乙地票号分号现银有盈，则甲地票号可主动把乙地商号的汇款吸收为甲地存款，但先交乙地票号使用，然后由甲地票号支付该商号现款。票号先收款后付款，在收付款的间隔时间，票号付给该商号利息，这就是酌盈济虚。所谓抽疲转快，就是甲地票号现银有盈余但无放款对象，而乙地某商号需向甲地汇款购货，于是甲地票号先为乙地商号付款，乙地商号收到货物后，同一总号的乙地票号再向该商号收款，同时由该商号付给票号在先付款后收款期的利息。这样，甲地票号解决了现银盈余的问题，乙地票号则入了

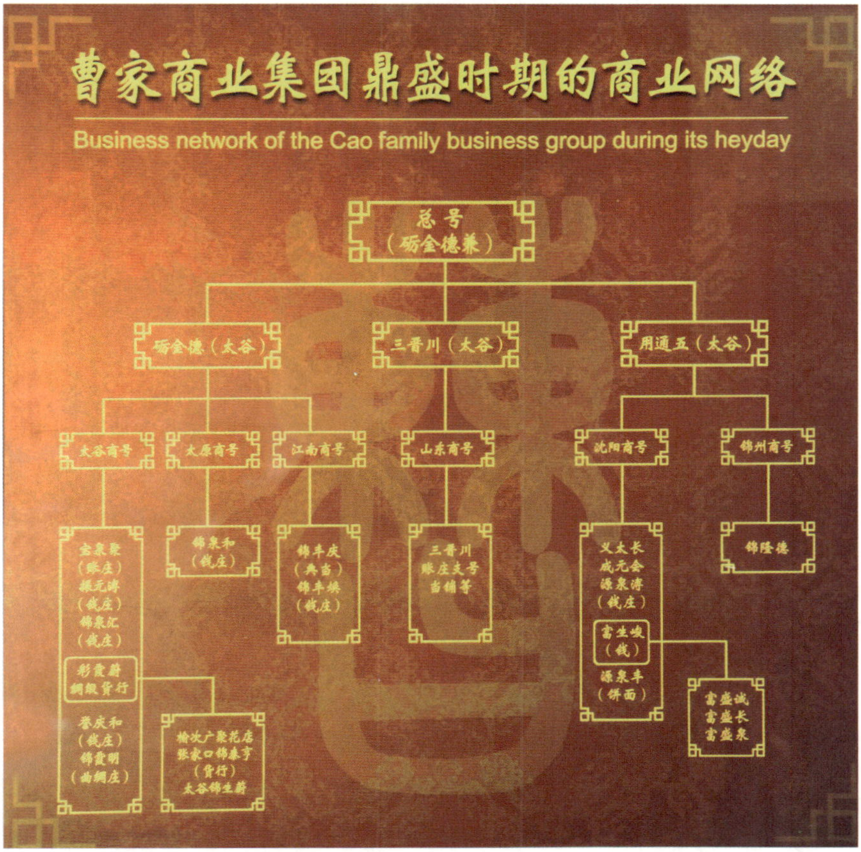

◆ 山西许多富贵大商都有类似曹家的这种商业网络，正是在这种联号式的商业组织结构下，晋商的商号之间能够将资金快速周转开来，让银子像水一样快速流动，产生最大的效益。

晋商票号钱庄库存的银两

款，并取得了利息和汇费。这一方法的运用，一方面限制了各票号画地为牢，各自为政，保证了存、放、汇兑业务的顺利开展；另一方面充分利用资金，通过支持生产和商品流通，赚取了高额利润，这在票号经营史上具有重要的意义。

又如，晋商老号——山西太谷的曹家，曹家的始祖曹三喜因生计所迫，随人到东北三座塔(今辽宁辽阳县)经商。他先是租地种菜、种豆，后与人合伙磨豆腐，用豆腐渣养猪。他勤劳踏实，以诚待人，生意越做越好，增添了酿酒业、杂货业、典当业。之后，又在沈阳、四平、锦州等地设立商号，逐步成为省外大商。到 1664 年清兵入关，曹家生意也由关外向关内发展，首先回到太谷设立票号，以太谷为中心向中原各大城市辐射，并且还跨出国门，在日本东京，朝鲜平壤，俄国的伊尔库茨克、恰克图，蒙古乌兰巴托，德国柏林，法国巴黎，印度新德里，最远还跨英吉利海峡到达伦敦设立了票号的分支机构。曹家的生意横跨欧亚两个大陆，纵横几万里，不仅在山西人的经商史上，就是中国人的经商史上都创下了不朽的辉煌。太谷曹家经商的特点之一是钱庄、当铺、粮店、烧锅及杂货五位一体。当铺利润投放钱庄，充实钱庄资金；钱庄放贷所得厚利支援粮店囤积居奇，转手得利；粮店复将其所得，投入烧锅、杂货等商号以谋取利润。通过各商号之间以及商号与钱庄、钱庄与钱庄之间的相互“拆借”，“抽疲转快”，使之相得益彰，共同发展。这样，曹家不仅建立起一个密切合作、相互支援的经营机制，防止了各商号的脱节，而且以这样的经营机制不断扩充自己的财富。曹家也得益于此，钱如轮转、一本万利。到了清道光、咸丰年间，曹家商业发展到鼎盛时期，商号达 640 多个，资产高达 2 000 万两白银，总雇员达 3.7 万人。据说全国各地究竟有多少曹家的商号，连管家的也说不清楚。有钻营者，未通过曹家同意，擅自打着曹家旗号，借贷资金开设商号，只要在其钱庄、银号管辖之下，外贷不足 2 万两以下，曹家亦不问所以，可见曹家的财势之大。

然而，各地出现盈绌，即使酌盈济虚，少量的现银调运还是不可避免的。为了保证银两调运，山西商人自设镖局，武装押运。运现之外，晋商的专营票号起到了巨大的作用，他们还有“克钱”、“拨兑”以及“谱拨银”、“城钱子”等多种信用工具和融资方法，发行了凭帖（本票）、兑帖（汇票）以及汇兑的其他形式如上帖、上票、壶瓶帖、期帖等等，这些商业票据和银行票据，实际上与货币无多大差别。可见商品经营资本和货币经营资本发展，创造了多种信用流通工具，这些工具又反过来促进了金融市场的繁荣和发展。清代中期，凡是山西商人活跃的地方，都出现了钱市。

晋商镖局和运银车

## 二、身同银　双收益

“晋省富饶，全资商贾。”在明清之际，以商贾贸易致富一方而名满天下的，南有徽商，北有晋商。明人谢肇淛在《五杂组》中有云：富室之称雄者，江南则推新安，江北则推山右；山右或盐，或丝，或转贩，或窖粟，其富甚于新安。新安奢而山右俭也。晋商商号所有股东包括银股、身股、倍本股等在一个账期结束后，广邀所有的财东、各总分号的掌柜们聚在一起参与总结账期内经营管理得失和下一账期的计划，然后商讨分红事宜。

那是一个最平常年关前的日子，但这一天是天盛源票号四年合账，那是票号最盛大的节日。合账期间，各地分号都要将外欠收回，欠外还清，然后将四年盈余的银钱，交镖局押运回太谷老号。那期间的老号，简直没有一处不堆满了银锭，库房不用说，账房、宿舍，地下、炕上，也都给银锭占去了，许多伙友半月二十天不能上炕睡觉。而与此同时，东家府上，各地分庄，号伙家眷，以至同业商界，都在翘首等待合账的结果，那就像乡试会试年等待科举发榜一样。

按照商号的规矩，是在腊月二十三过小年这一天，发布合账结果。届时，财东要来字号听取大掌柜交代四年的生意，然后论功行赏。业绩好的掌柜、伙友，给添加身股；生意做塌了的，减股受罚。其仪式可比正月开市要隆重盛大得多。

这一天，分行的掌柜都回来了，康家的大院里人流如织，热闹非凡。合账的仪式开始，财东康东家向主位上的关公上香叩拜，然后和孙大掌柜坐在正堂上，各位掌柜环坐在院子的四周，伙计们抬进 4 架长长的算盘架在一起成为一个天井状，总号的账房先生在中央坐定，伙计们在这个大型计算器上开始算账。整个院子里安安静静，只听到噼噼啪啪的算盘声。掌柜们都屏息静坐，等待最后的结果。只听一声：“四年全号汇兑、收存、放贷、三项营业总额两千六百一十五万三千一百一十一两，四核无误。”康东家脸上露出久违的笑容抱拳道：“我号二十三个分号一年过手之银相当于朝廷岁入一成，这全赖孙掌柜和大家的辛苦啊，请受我们全家一拜。”东家向众掌柜行礼，掌柜们也回过礼，一团和气。只见账房又继续报道：“东家财股二十一股，本账期同仁身股分红一十七股……”听到这里，所有的掌柜的手上迅速地拿捏开，他们急着算出他们到底能拿上多少银两。“一股平均为一万五千八百一十六两五！”众人按捺不住内心的兴奋，齐声说：“好！”整个院子里洋溢着喜气。总号孙大掌柜宣布：“本账期分红最高的得主为京号戴庸老帮八厘半分红。”各位掌柜纷纷向戴庸掌柜祝贺，戴掌柜略显文雅说：“今晚拼酒，到我处报名，不醉不归。”孙掌柜继续宣布：“第二的是天津刘寿喜老帮。”刘掌柜就略显张狂，还不等孙掌柜宣布就向其他人开始炫耀：“七厘，我七厘，多少银子？你们算去吧。今晚上上他那报名，酒钱我付。”

晋商使用的银锭

老号四处堆满银锭，东家府上，各地分庄、号伙家眷都在翘首等待合账结果，期盼几年的辛苦能获得丰厚的回报。

这是电视剧《白银谷》里描述的账期分红的场景,也是大多数晋商年终结算的缩影。财东、掌柜、伙计四年账期结束皆大欢喜，辛苦了四年的掌柜们和伙计分得了股银就可以回家过个富足的年了。在晋商兴盛的年份里，精明的掌柜分上上万两的股银也是司空见惯的事情，可见晋商的富足。这四年账期的大赢结果，可以说让上自财东下至伙计的所有人都大喜过望了。所以,那一份喜庆和欢乐,一直延续到正月开市,那是一点也不奇怪的。



晋商的核心竞争力是“财股与身股结合、身股为大”的制度。这种制度留住了人，又保证了家族企业的有效传承。财东、掌柜、伙计这三类人,是相互关联、相互支持又相互制约的。掌柜的身股不能继承，东家的财股是可以继承

电影《白银帝国》里账期合账的情景



的。晋商的分红一般是财六身四，在大盛魁甚至做到身股占七成。但是掌柜是走是留，还是由东家说了算，占再多身股也没用。这就是一种有效的制约关系。

东家是一个阶层，他持有财股，财股可以传承。由此，他就可以解聘拥有身股的经理人和伙计。这个制约关系是非常重要的。企业家是有特质的人群，这辈子是企业家，再指望你儿子、孙子也是企业家，这不太可能。因此就要聘请掌柜的来经营，给他们身股，身股虽然不可传承，但在分红中就使干活的人真正明白，是在给自己干。这样，在东家昏庸的时候，他们为维护自身利益，可以站出来据理力争，保持经营的良性状态。

从今天看来，这种劳资结合的形态具有一定的科学性。首先，劳资一体共奔前程。晋商很少有劳资矛盾，一到分红的时候，从东家到大掌柜到伙计们，都高高兴兴。其次，短期效率和持续经营的效率都有了保证。三四年分一次红，掌柜必须做完三四年，否则除了工资什么也得不到。东家在关注分红的同时，也往往关注企业的长期利益。掌柜在年轻的时候，是近期利益和长期利益都追求；到了老年，追求短期利益的倾向就有所增加，这就需要财东发挥应有的作用了。今天的沃尔玛等西方成熟的家族企业的治理结构，与此有异曲同工之处。

# 第三节　银钱转换　异地汇兑

无论是票号、钱庄、账局，还是其他非金融类商号，晋商都有一套成熟的运作方式和资金使用制度。票号作为晋商的一个重要业务，在中国近代经济史上占有重要的地位，“执中国金融之牛耳”数百年。晋商通过把总号设在山西原籍，分支机构设在全国各地以至于国外，进行银钱兑换、货币保管、资金接待、异地汇兑、过拨转账以及放款业务等货币技术性业务和信用活动。从 1823 年前后第一家票号日升昌诞生起，到 1940 年大德通、大德恒票号改组为止，山西票号对我国社会经济的发展作出了巨大的贡献。

关键词：日升昌　票号　钱庄　账局　典当铺

## 一、形相近　神不同

中国第一家票号日升昌，坐落于“大清金融第一街”平遥古城西大街的繁华地段，是中国现代银行的开山鼻祖。日升昌从清道光初年成立到歇业，历经一百多年，曾经“执中国金融之牛耳”，分号遍布全国 35 个大中城市，业务远至欧美、东南亚等国家，以“汇通天下”而著名，被余秋雨先生誉为中国大地各式银行的“乡下祖父”。余秋雨先生在《抱愧山西》中描述：就是这样一座小小院落，开中国民族银行业之先河，并一度操纵 19 世纪清王朝的经济命脉。

清代康、雍、乾、嘉年间，本城当铺、账局、钱庄、银楼等组织已初具规模。嘉庆十八年（1813 年）重修市楼碑志载，平遥商号 700 余家，其中金融字号有 25 家。在平遥众多的商号中，有一家叫西裕成的颜料庄，总号设在城内西大街，财东是西达蒲村李家。商号经营多年，资力雄厚，在京师、天津、汉口、成都等城市开设有分号。

西裕成经营多年，积累了大量人才，在汉口分庄和京师分庄任经理的雷履泰就是其中一位。雷履泰是山西平遥县洪保村人，在李家的西裕成商号入

雷履泰塑像

山西平遥东大街

徒，潜心学习和历练，终于当上了汉口和京师分庄的掌柜。由于晋人在外做生意的很多，年终结账，往老家捎钱多让镖局起镖运现款，不仅运费高，而且风险大，常有丢失，遂有人将银钱交北京西裕成分号，由经理写信给总号，在平遥总号取款。起初不过朋友、亲戚，两相投兑，无汇费和手续费。以后乡民感觉此法方便保险，皆求拨兑，并愿付一定汇费。雷履泰意识到这是一个有利可图的生意，于是他在认真思考后便把这个业务纳入商号的经营业务之中，商号也有稍许盈利。

在雷履泰接任西裕成颜料庄北京分号的掌柜时，大胆地试行汇兑办法，但经营范围也仅限于京晋两地。雷掌柜把“异地汇兑”的幌子挂在了店前，招来了人们的纷纷议论。把银两托付给不熟悉的商号去送，他们这些替人跑腿的生意能赚得上钱，岂不是笑话？也有人凑上前来仔细询问，但是没有愿意拿自己白花花的银子试试看。“异地汇兑”一度陷入困境，这时的雷履泰就显示了他经营的本事。他四处联络晋商，招揽业务，承诺此处交钱，彼处用款，从无空票。碍着雷掌柜和西裕成的交情，一些商号答应去试一试。

果不其然，因信用可靠，异地现银现提，而且汇水远比运输节省银两。

山西平遥古城内的日升昌票号模拟场景



山西商人慢慢开始与西裕成颜料行交往频繁起来，汇兑的银两也从少到多，从寡到频，西裕成的汇兑生意活了，汇兑业务愈来愈多。作为商界能手，谙熟生财之道的雷履泰由此及彼，推想到其他商埠的山西商人托镖局起运银钱亦有诸多不便，也就有诸多的生意可做。雷履泰于是深入调查晋商所经营药材、茶叶、夏布、绸缎、杂货等进销地点，亲派精明、诚实、可靠的伙友，先后于汉口、天津、济南、西安、开封、成都、重庆、长沙、厦门、广州、桂林、南昌、苏州、扬州、上海、镇江、奉天、南京等地设点进行调查，最终认为银两汇兑是个大有作为的行业。

西裕成颜料庄在京、晋间试行汇兑办法，取得了成功，便开始兼营汇兑业。道光初年，当雷被调回平遥总号任经理时，建议东家将颜料庄改为专营银两汇兑和存放款业务的票号。经财东李大全同意，投资 30 万两银子，于道光三年（1823 年）左右，正式成立了中国第一家票号——日升昌，意谓如日东升，生意昌盛。日升昌票号的总庄设在平遥，并在北京崇文门外设有分庄。雷履泰出任总经理（大掌柜），不但山西商人与日升昌交往频繁，就连外省、沿海一带米帮、丝帮亦通过日升昌汇兑款项。由于雷履泰经营有方，日升昌门庭若市，业务蒸蒸日上。随着通汇扩大，继而吸收存款，发放贷款，利润大增，日升昌真是日升月昌，一片兴旺景象。

俗话说，“没有金刚钻，不揽瓷器活”。日升昌成立后主要经营的就是银两汇兑，雷掌柜积累的汇兑经验就派上了用场。精明的雷掌柜早在汉口经营丝茶等主业的时候，就开始借助来往的便利帮助同乡、亲友少量汇兑银两。在经营的过程中，借鉴古代飞钱、便钱（或便换）的经验，克服账局只营货币借贷不管经营汇兑的缺陷，逐步总结出一套较为完整的汇兑经营模式。道光四年（1824 年），日升昌在太原设立分号。省城分号的业务，主要是“票”（汇票）。票的制作和书写，其保密性有极为严格的要求，绝不允许有任何的差错。在日升昌太原票号的经营史上，还从未发生过款项被人冒领之事，这充分体现了日升昌票号经营者的聪明才智。

清嘉庆末年，由于社会商品货币经济的发展，埠际间货币流通量大增，而过去的起镖运银由于很不安全，已不能适应新形势的需要，票号的出现解决了国家银行未出现前大宗项银两往来的困难，并很快在全国 40 余个大中城市设立了分号，票号业务搞得红红火火，也为晋商资金的高效使用奠定了基础。



## 二、细小事　连千家

山西第一家票号由雷履泰于道光初年，把西裕成颜料庄改成日升昌票号，总号在平遥城西大街路南，分号在北京崇文门外草厂十条南口。几年后出现蔚字五联号等，为平遥帮票号。道光七年（1827 年），祁县合盛元茶庄改成票号，继有大德通等，为祁县帮票号。同年，太谷志成信绸缎杂货庄改成票号，又有协成乾等，为太谷帮票号。票号存在约百年，前 40 年（道光、咸丰时期），是晋帮垄断时期；

山西祁县渠家大院的“汇通天下”匾

同治二年（1863 年），浙商胡光墉在上海设阜康票号，继有杨源丰等，为南帮票号。后 60 年（同治、光绪、宣统、民国初期），是山西票号为主、南帮票号为辅时期。

同治初年，全国的票号业渐渐兴起，介休县张兰镇马辙林看着那些商家大贾都纷纷转行票号，心里也痒得不行，也准备向商号进军。马老板手下有几个绸布庄，总号为位于平遥县的天成绸布货行，总经理为平遥县北娃庄武子健，协理为平遥县城人侯王宾。一天，马东家把两位掌柜叫到家里，和他们详谈这个事情。没想到两位掌柜全力赞同，两人看到票号大把地赚银子也早有此心。经过慎重的考虑，要开这个票号得解决两个问题：一是天成绸布货行虽然经营多年，但积累的资金仍然十分有限，可用的流动资金不过万数两，要在京、津、汉口这样的地方开上一家票号尚且不够。二是已经有日升昌、大德通等各大票号把持了京、津、外蒙等大额市场，作为一个新开的商号想要插足十分困难。两者无法解决，开得起票号也养不活。

马东家当机立断，通过筹股募集资金，并把庄口设在大商号没有涉足的偏远省市。经过一段时间的准备筹措，同治三年（1864 年）天成绸布货行改组为票号，改牌匾曰天成亨票号，设分庄于陕甘、河南开封、新疆等地，用人百余位。

票号属于旧式金融机构，以经营汇票为主，同时也兼营存放款，并发行银钱票、小票等兑换券，是中国近代经济发展过程中一支非常重要的金融力量。天成亨票号开始所设分庄均在偏远地区，设号之处给当地带来了巨大的轰动，他的几项业务也是当地经济盘活的资金来源，对当地的发展起到了巨大的推动作用。

天成亨票号开展的第一项业务就是吸收存款，它吸收存款的对象，除商号外，主要吸收官款（税银、军饷等）和官吏个人以及少数商人的私人存款。官府和官吏私款多存在票号，因为票号的资本雄厚，风险小，号里的存款可以直接用于缴纳国家赋税，不再需要府衙派兵押上银车远赴京师来交税银，为他们提供了不少方便。但因为票号存款利息低于钱庄，故商人在票号存款者不多。

天成亨票号吸收存款不是目的，放款盈利才是目的。放款对象，主要是钱庄、殷实商号和官府及官吏。新疆地处边远地区，畜牧业和采玉行业十分发达，但这两个行业的季节性十分明显，往往在旺季商家和官府都需要大量的现银来支持生意，天成亨票号从中运作借贷生利。借款时间短则三月，长则一年。放款利息，视市场银根松紧而异，一般为 5~7 厘。票号放款多以稳

票号内工作场景模拟图

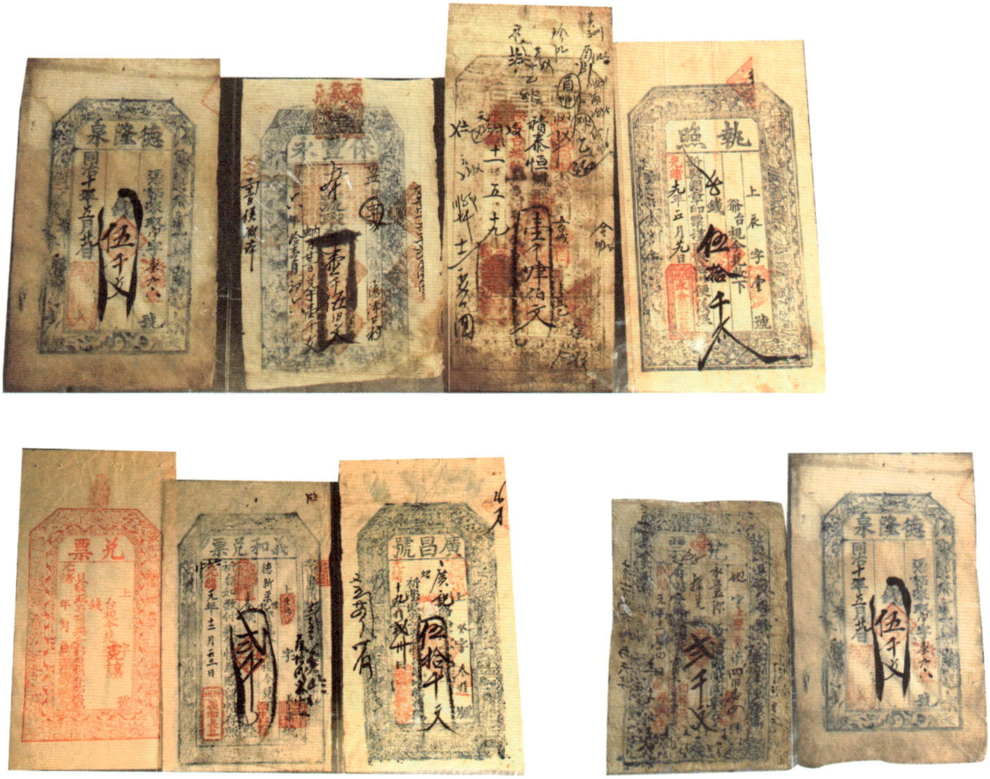


晋商票号的汇兑票据。随着山西第一家票号——日升昌票号的开业，越来越多的晋商发现了汇兑业的巨大商机，纷纷转行涉足票号业，各家的汇票也由此成为当时人们持有的重要票据。

妥放款为宗旨。放款均立定借据，载明借款数量、归还日期、放款利率、平比砝码、经手人等事项。商号有了充足的资金往往获利丰厚，票号也相得益彰。

票号成立初期，主要业务是办理异地商号银两汇兑。发展到中后期，汇兑范围不断扩大，以至承担国家财政、银行职能，大量汇解军饷、税银、协饷、赈款等。在外经商的山西商人携带银两回家十分不便，便把银两交给天成亨票号汇兑。汇款人将款交给票号，由票号开具汇票，交给汇款人，汇款人将票寄给收款人，收款人持票到所在地分号取款。分号收取汇票，对照汇出号寄到的票根，核对无误后，按汇票支付银两。汇兑收取一定的费用，叫汇费或汇水，其高低由主客双方商定。确定汇款，多视两地平色高下、期口淡旺、路途远近、银根松紧等因素而定。由于在外做生意的山西商人众多，方便的银两汇兑加速了沿海和边疆的资金交流，极大地推动了新疆、陕甘地区的经济发展。另一方面，由于路途遥远，汇水可以比其他票号的高，更有利可图，这给天成亨票号带来了不小的收入。

综上所述，山西票号是随着中国的半殖民地化而发展的，是社会经济发展、商品流通扩大、交通发达综合影响下的社会产物。票号办理汇兑、存放款，解决了边远地区运送现银的困难，加速了资金周转，促进了商业繁荣同时也为社会稳定作出了巨大的贡献。票号与账局、钱庄、典当铺等金融机构共同构成了中国近代的金融体系，实现了山西商人汇通天下的宏伟梦想，构成了四通八达的金融汇兑网。

# 第五章

# 晋商的质量和信誉管理

在历史上，蒙古牧民只要看到刻印有“三玉川”、“长裕川”字样的砖茶就争相购买，甚至他们以砖茶代替银两作为货币在交易中使用。足见质量和信誉在商业活动中的巨大作用。

自古以来，从经营思想上看，商人可分两类：一是诚贾，又称廉贾、良贾、良商；二是贪贾，又称任商、佞商、奸贾、奸商。前者薄利多销，货真价实；后者压价、抬价、掺杂使假，囤积居奇，投机倒把。其区别在于诚贾以信义为重，奸商做生意不讲信义。山西商人则是重信义的一个群体，近代名人梁启超就曾经说过：“晋商笃守信用。”

历史上，山西商号信用卓著，贸易双方产生了一种由信用交易产生的特殊结算形式——标期。太谷为全省商业中心，标期每季一期，届期结算旧债，再生新债，有借有还，体现了商人与主顾间建立的互相信赖关系。过标之期，名商云集，“通衢为之狭”。倘若有人不按规定执行，就要受到所有商号的指责，并采取一致行动，中止与他的贸易往来，让他落得个身败名裂的下场。因此，晋帮商人中有许多深孚众望的商家，“舞弊情事，百年不遇”。在山西商人中，许多人生意越做越大，越做越红火，就因为他们讲究信义。

# 第一节　保证质量　用户至上

客户是企业的上帝。一个企业能否获得成功，关键要看其能否赢得客户的信赖。赢得信任是靠经营产品的质量和为生产生活服务树立的企业形象。

产品质量与服务是相辅相成的，二者缺一不可。产品质量好，货真价实；但服务质量不好，对顾客蛮横，同样不会赢得好的社会声誉。反之，倘若服务态度热情，对顾客进出迎送，任其百挑而不厌；然而产品质次价高，假冒伪劣，缺斤短两，那也是不行的，纵然一时欺骗取得成功，日久也必然葬送了自己的牌子，而被市场和社会所淘汰。因为山西商人深深懂得这个生财之道，所以特别重视企业信誉，更以信誉为本，所以晋商在经营中绝不掺假售劣，宁吃小亏，也要保证质量信誉；宁可自己辛苦，也要服务好客户，这才创造了一二百年乃至三四百年不败的企业。

关键词：六必居　酱菜　原料　加工

## 一、保质保量　假一赔十

晋商数百年来一直以信用卓著屹立于中国商界之林。在日常经营活动中格外重视企业的信誉，而为了维持良好的信誉，必须保证产品的质量不能出现任何问题。北京市宣武区六必居酱园，原是明朝嘉靖九年（1530 年）由山西临汾西社村赵存仁、赵存义和赵存礼三兄弟开办的小油盐店。该店主要经营柴、米、油、盐、酱、醋六种日常生活必需品。赵氏兄弟的店铺，因为不卖茶，就起名六必居。相传，由明嘉靖朝大学士严嵩所题“六必居”金字大匾，一直高挂在六必居店前。由于赵姓会经营管理，又由于六必居所处的地理位置好，所以买卖开张后，生意很兴隆。后来又扩充了门面，由原来的两间小店堂，前面扩为四间门面，还增设了宽阔的后厂。

“六必居”的传奇匾额虽数遭劫难，仍保存完好，现已成为稀世珍宝。也有传说六必居原是小酒馆，其酒选料严格，制作精良，在酿酒过程中坚持“黍稻必齐，曲蘖必实，湛之必洁，陶瓷必良，火候必得，水泉必香”。这些有趣的传说，反映了六必居独特的经营风格和商铺形象，耐人寻味。

六必居最出名的是它的酱菜，它也是北京酱园中历史最久、声誉最显著的一家。六必居有十二种传统产品，它们是：稀黄酱、铺淋酱油、甜酱萝卜、甜酱黄瓜、甜酱甘螺、甜酱黑菜、甜酱仓瓜、甜酱姜芽、甜酱八宝荣、甜酱什香菜、甜酱瓜、白糖蒜。这些产品色泽鲜亮，酱味浓郁，脆嫩清香，咸甜适度。六必居的酱菜所以出名，与它选料精细、制作严格分不开。

六必居的主打产品是酱菜，它的生产有一套严格的操作规程。为了保证酱菜的质量，六必居自制黄酱和甜面酱，并从原料的筛选、酱料的发酵到酱的发酵，再到时间、温度和搅拌的次数，每个环节都一丝不苟、认真操作。这一套严格的操作规程，由掌柜一人总负责。比如酱的制作，先把豆子泡透蒸了，拌上白面，在碾子上压，再放到模子里，垫上布用脚踩 10~15 天，然后拉成三条，剁成块，放到架子上码好，用席子封严，让其发酵。在发酵的后期，还要不断用刷子刷去酱料上的白毛。经过 21 天，酱料才能发好。正是这种严格的操作规程，保证了六必居酱菜的质量。

为了选好原料，经过多年实践，非固定产地的黄豆和小麦不用。黄豆选自河北丰润县马驹桥和通州永乐店，这两

六必居门店

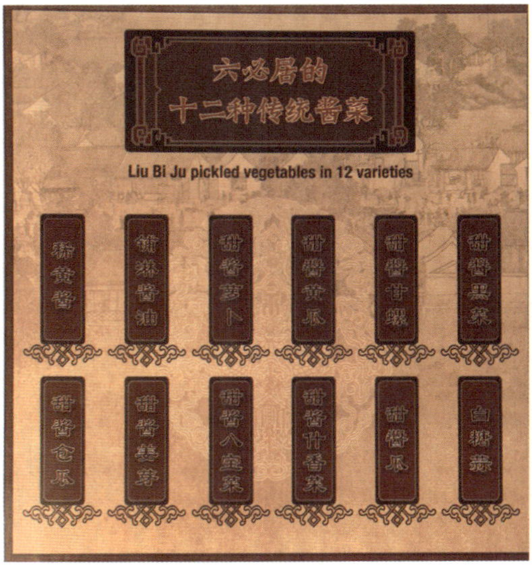


六必居的产品的示意图

中华老店六必居

个地方的黄豆粒大、饱满、色黄、油性大。小麦选自京西涞水县，为一等小麦，这种小麦黏性大。六必居由自己加工成细白面，这种白面适宜制甜面酱。据说为了保证青菜的来源和质量，六必居还曾在京郊置地建立菜园，在蔬菜上严格把关。如黄瓜，不但要求“条顺”，还要“顶花带刺”，四至六条一斤；小酱萝卜也要求四至六条一斤。精选产自北京大兴的鲜嫩黄瓜，要 6 根共一斤，再用一斤自制的面酱，先腌制后酱制，冬季要 10 天左右的时间方可制成一罐“六必居”甜酱黄瓜。他们腌制的甜酱黄瓜连大小都是一样的。

据六必居的老工人介绍，六必居酱菜几百年风味不减，盛名不衰，主要是制作上选料精良，讲究规格，精工细作，并采用自制天然酱制的方法。连制好的酱菜出售时都有严格的规范要求，要存放在酱缸内，卖多少出缸多少，从出缸到顾客手中最多不超过 2~3 小时。北京人口口相传的美味就这么延续了 500 年。

作为一个生产和经营商品的企业，不论生产者还是经营者，都把加工制造商品和采购商品的质量看做是企业生存的第一要素。生产和销售的产品质量佳，商品才能占领市场，赢得信誉，销售畅旺，获得盈利。遵循古训，讲

民国二十五年（1936 年）六必居酱园员工合影

求厚德务实，让六必居靠着一瓶瓶微利销售的酱腌菜成为全国酱腌菜行业中规模最大的企业。今天，六必居腌制的酱菜不但是京城许多家庭的必备小菜，也是国宴上必备的名小菜之一，销售网络遍布东北、西北、华北、江南等地，产品远销日本、澳大利亚、新加坡、泰国、加拿大、美国及欧洲等十几个国家和地区。



## 二、送货上门　服务到家

山西商人的另一个优良传统就是具有较强的服务意识，就是把为顾客服务、送货上门作为自身经营活动的根本宗旨。草原商贸帝国大盛魁商号经历 260 年风雨之后走向了崩溃，但是“南有胡雪岩，北有大盛魁”的历史记忆始终未曾尘封。大盛魁充分发挥自身优势，站在蒙古牧民的角度上解决牧民的实际困难，将商号的产品送到牧民家中然后换回牧民的马匹。不仅能够方便牧民的生活必需品的供应，同时还赚取了不少的商业利润。

大盛魁是一个综合性的经营实体，其业务可分为货物贸易、票庄货栈和运输服务三大类。他们服务热情、周到，店内伙计如因服务不周到或者态度生硬而得罪了顾客，马上就有可能被解雇。杀虎口的张仕芝在科布多饭店当值时，就因一时疏忽而被解雇，可见该号号规之严格。大盛魁的服务意识可

◎ 大盛魁总柜旧址

◎ 1938 年晋商贩运的普洱茶砖



谓晋商典范。

大盛魁的总号最初设在乌里雅苏台，后迁驻归化城（今呼和浩特），其经营的基本地区是乌里雅苏台和科布多。由于大盛魁的服务对象是草原牧民，大盛魁为方便牧民选购产品就创造了“顶房子”的经营模式。

然而大盛魁对这些“顶房子”也有严格的规定：乌、科两地柜上的店员，在柜上住过三年，必须学会蒙语，达到可以和牧民直接交流。然后就组成若干小组到草原各帐篷售货，基本上是一个店员，再雇一个蒙民，两个人骑两只骆驼，另用两只骆驼驮货，贩运的商品有砖茶、生烟、洋布、斜纹布及针线之类，走串蒙古包送货上门。这些顶房子既向盟旗成批赊销，也在部落里零售，从此奠定了大盛魁扎实的经营基础。顶房子有大有小，可分可合，其押货人通常被称作“吉利格尔”，业务人员被称为“丹门沁”。

从大盛魁销售的产品中也可以看到其用心之处。蒙古牧民以肉食为主，喜饮砖茶，大盛魁便自设茶庄，专门进行砖茶的加工，以满足牧民需要。砖茶主要产地在湖南，大盛魁销售的砖茶都是定制的。大盛魁装砖茶的箱子大小是固定的，有一箱装 36 块的，名三六茶，专销张家口旅蒙商；有一箱装 24 块的，名二四茶，专销归化、包头等地，乌里雅苏台、科市多等地蒙民最喜喝；还有一种是每箱装 39 块的三九砖茶。大盛魁每年运往蒙古、乌、科等地的三九砖茶约 4 000 余箱，每箱值银十二三两，总值达 5 万银两左右。

大盛魁每年运销蒙古绸缎 4 000 匹，洋布和斜纹布共 6 000 匹。绸缎中以曲绸为大宗，曲绸以河南曲绸质最优，布匹中斜纹布约占五分之四，因斜纹

顶房子

所谓“顶房子”，就是视业务状况，派出由职员、马匹、骆驼和狗组成的流动销货单位，活跃在蒙疆大草原上。大盛魁的“顶房子”所携带的商品品种齐全，质量优质，极大地方便了牧民选购商品，和现代大型超市提倡的“一站式选购”有异曲同工之妙。

布耐用，很受蒙民欢迎。

大盛魁每年运销蒙靴 1 万多双，都是香牛皮制作，品种有全云（花纹）靴，每双银 12 两；纳闷靴，每双银 8 两；四忘靴，每双银 3 两。大盛魁还每年运销蒙古价值银 1 万余两的木碗，木碗产自山西五台和岚县。蒙民喜欢木制餐具，因为便于携带，且喝热奶、热茶不烫嘴。

蒙靴、马毡、木桶、木碗和奶茶用壶等都是蒙古牧民和喇嘛生活中的必需品，大盛魁便按照牧民和喇嘛的习惯要求，专门加工定做。针对蒙民手头无现银的情况，大盛魁采取以畜产品抵价和赊销的办法。因此，蒙古牧民只要见是“大盛魁记”商品，就争相购买。由于大盛魁商号货源组织有针对性，营销方式灵活机动，从而在蒙古草原的经商活动中取得了巨大成功。

大盛魁的经营管理是围绕客户所需所想设计的，又辅之以巧妙的经营方式，灵活运作，薄利多销，慎待相与等，这些都是大盛魁取得成功的基本经验。创造了两个世纪辉煌的大盛魁商号，是一个当时中国名副其实的“商业帝国”。用现代的说法，大盛魁是典型的民营企业，它在极具历史局限性的岁月里所创造出的商业奇迹，不得不让今天的人们思考，它的服务意识更值得我们认真挖掘、借鉴和学习。

# 第二节 信誉第一 诚信为本

“信誉第一，顾客至上”是山西商人经商的座右铭，也是信誉管理实践的一大法宝。开店铺、做生意、设货栈、创票号，赚取钱财利润无可非议，关键是不能靠巧取豪夺、坑害欺骗顾客，更不能违法犯罪。晋商在具体的经营过程中，十分注重维护信誉和市场交易秩序，甚至宁可亏本，也不食言失信。

晋商笃守诚信数百年，得到社会各界的普遍公认，在工商业界声誉极高。明清时期的一些经济学家、政府官员，甚至于普通老百姓对于晋商的诚信都给予很高的评价。早在道光年间就有人说：“千金纸票，交银于此，取银于彼，从无坑骗。”到了咸丰时，江南河道总督杨以增讲：“各省银号汇兑银两，盈千累万，竟以一纸为凭者，信也。”近代外交家、中国首任驻英法公使郭嵩焘对晋商作过中肯评价：“中国商贾一向称道山陕商人，山陕人之智术不能望江浙，其推算不能及江西湖广，而世守商贾之业，惟心朴而实也。”

关键词：砖茶 诚信

## 一、在商言商 以义取利

我国传统社会有长达千年的抑商、鄙商传统，其中更不乏“君子喻于义，小人喻于利”的圣贤高论，亦有“无商不奸”的俗语。在民间流传的传奇、志怪、戏曲等各种文艺形式中，甚至在各类正史野史中，无不大量充斥了对商人重利轻义、逐利舍情行为的刻画与批判。士农工商，商为诸家之末。明清晋商，则以利人为先，强调诚信为本、利以义先，诠释了义与利不相斥反相容的道理，树立了商人群体的良好的人格形象。

18 世纪中叶，俄蒙对茶叶的需求与日俱增，在清政府与俄签订了《中俄恰克图条约》后，敢为天下先的常万达抓住这一商机，毅然将大德玉商行改为茶庄，登上了漫漫“万里茶路”。常万达和其几代子孙，历经艰险，他们深入南方产茶地区，在当地投资设厂，经营大宗茶叶贸易。年复一年，晋商茶帮驼队绵绵数里结队而行，在驼铃的叮当声中头顶烈日、足履灼沙，行进在

山西榆次常家庄园

西北大漠之中。从福建武夷山辗转至俄国库伦、恰克图，这一万三千里的“茶路”，在常氏家族超常胆识和经商诚信的奋斗下，商路的触角甚至抵达了莫斯科以及欧洲一带。在当时中俄贸易中，仅茶叶一项就占 94%，而这其中常氏家族就占 40%的份额。

而常家当年向俄国输出的就是川字牌砖茶，这就是那种颇具传奇色彩的商品。是什么原因使俄罗斯商人对这样的商品情有独钟，甚至制造这种商品的商人已经消失近百年之后，仍然会让他们念念不忘呢？

内蒙古作协副主席邓九刚说过这样一段话：“常家的这个砖茶到了蒙古草原和西伯利亚，可以像货币一样当做交换的媒介。就是一直到现在，蒙古人和内蒙古人，仍然只认这个川字茶。哪怕是制作这个砖茶的商家早已消失，茶的质量也都已经变了，但是蒙古的人们还只认这个牌子。这种深入骨髓的品牌，简直是让你赞叹！奇迹！难以相信的是，过去的茶叶加工厂后来归公后成了公家的工厂了，但是这个川字牌的品牌一直延续下来，直到现在。我们家现在还是一直在喝川字牌，每天早晨必然要喝。”

明代一位山西著名商人王现说过这样一段话：“夫商与士，异术而同心，故善商者，处财货之场，而修高明之行，是故虽利而不污，故利以义制，名以清修，天之鉴也。”400 多年前的晋商把修德之行与取利之途之间的关系洞

山西榆次常家庄园贵和堂诒谷影壁，彰显文化气息。

察得如此透彻，境界标立得又如此高远，“利以义制，名以清修，天之鉴也”，他告诫后人：不要目光短浅，不要在利益面前丢弃了为商、为人的根本。有了清白的名声，有了忠诚和信义，还愁没有利吗？

山西榆次常家，以财取天下之抱负，逐利四海之气概，制茗于武夷山，扎庄于恰克图，拓开万里茶路，经销蒙俄北欧，绵延 200 余年，遂成富甲海内之晋商巨贾，中国对俄贸易之第一世家。常家事业长盛不衰之原委，就在于该族深谋远虑、居富思危、课子苦读、家学渊源，代代恪守“学而优则贾”的家训，源源将优秀的文化人才输送到商界，将儒家思想与伦理道德完美地体现在经济意识与经营活动中，实现了经济理性与道德理性的合一，遂成清代驰名中外之儒商望族。常家，书写了近 200 年的光辉篇章。“万里茶路”使常氏事业达到鼎盛时期，也使庄园建设渐入一个完美的境界，并把晋商重信重义的传统彪炳千秋。

商人诚信为本，诚信是经营的核心理念。从商业伦理文化来讲，经商就要致富，要有效益，但是经营中间要生财有道，不能欺诈，要诚信。这是晋商所以兴盛的原因，其核心价值观就是诚信。

十七股算盘

晋商驼队行进在沙漠之中。

## 二、严进严出　说一不二

到道光、咸丰年间，太谷曹家商业活动达到鼎盛阶段，大江南北都有曹家的铺面，达 640 余个，资产高达 1 200 万两白银，雇员有 3.7 万人，所以乡民有“凡是有麻雀飞过的地方都有曹家的商号”的说法。如此巨额的商业财富，全靠掌柜、伙计们打理，数百年来，几乎没有发生过掌柜卷钱而逃的事件。可见晋商职业信用的卓著。

如何保证商号、票号的运转协调，防止监督不足可能带来的道

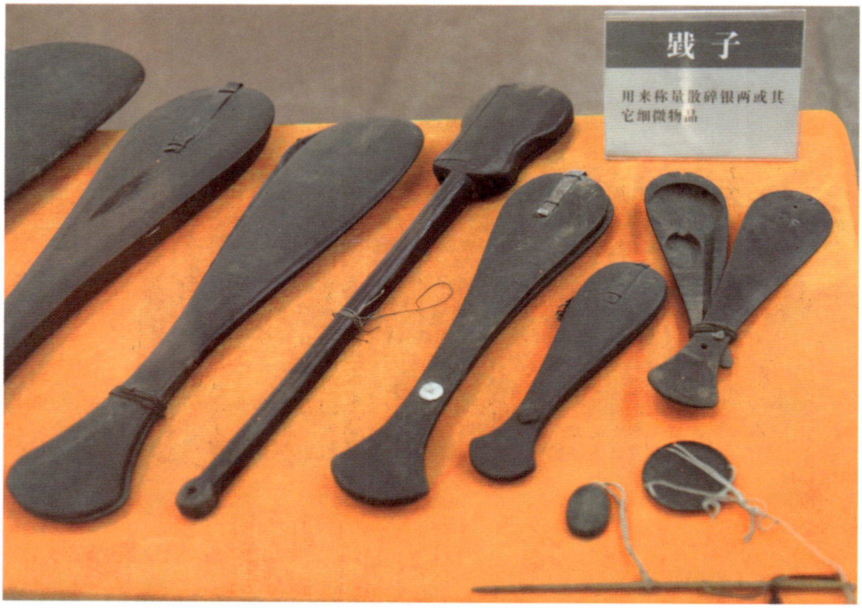


晋商使用过的戥子

德风险，是晋商必须解决的重大问题，曹家的经营者也有过艰辛的探索。在长期的经营实践中，曹家总结的最为有效的方法是“培养职业精神，倡导职业信用”。它的职业信用的核心是通过素质、文化、职业教育，通过严格的制度约束，向职员灌输敬业、爱业精神，要求职员严于律己，各司其职，形成相互信任、和谐合作的团队。

曹家商号对员工的业务培训十分重视。除业务训练外，曹家对职工的思想教育也丝毫不含糊，其中诚信重义是教育的中心内容。曹家的商号每年要磨豆腐三次，每次磨豆腐，经理必须亲自向磨神烧香磕头，以祈神灵保佑。因为曹家是在东北朝阳磨豆腐发家的，以此进行教育。无独有偶，晋商中多有对员工的思想教育，别具特色。每逢年节，大盛魁都要在财神庙内向财神像下的一个扁担、两条麻绳叩头，除夕晚上，必须喝小米粥，纪念以货郎担起家的创业始祖，不忘创业艰辛，并以此为号规 200 年不变。

曹家的商号对人员和经营都有严格的制度管理。主要分为两部分：

第一，对人员的规定。财东只能在结账的时候行使权力，平时不得在号内食宿、借钱或指使号内人员为自己办事；不得干预号内人事；经理对外代表商号，财东不得以商号的名义在外活动。对学徒的规定更是严格，学徒五年内不得回家；出师后三年回家探亲一次；从业者不得在营业地结婚。

第二，对总号与分号之间联系的规定。无论指示、安排或请示、汇报，均用编号和记日期的书信，写信必须使用暗语。重大机密则派高级职员亲往口授，上级可以定期或者不定期进行查庄，考核从业人员的得失和实绩。

上述号规，如发现职员不能遵守，有舞弊现象，即打发回家。曹家的商铺只不过是众多晋商的一个缩影，在精心选拔、教育和严格的制度约束下，晋商塑造出了令人羡慕的职业商人群体。

山西的商人涉及各个领域的商业活动，在众多业务的经营中，显示出高度的专业水平和非凡的经营能力。民国以后，新式银行方兴未艾，金融人才捉襟见肘，时人乃有精辟论述："盖山西票庄，规划极严，业务频繁，非做事确实、性情敏锐之人，恐不堪充其职员。"20 世纪初，四川、福建、广西、湖南等许多省份所创建的地方银行都是山西票号的一些经理出面创办的。山西商号经营者的职业信用深刻体现在"人本主义"上，所以山西票号无论从哪个方面观察，都是尚人，因人而存在，因人而发达，因人而没落，这种人本主义是山西商号的一大特色。



山西太谷曹家大院

## 三、商人典范 万家信赖

晋商在数百年的商业经营活动中，逐渐形成了一整套完善的商业信用评价体系。有的商号通过“相与”的方式来体现其商业信用。如著名商号大盛魁，能够成为大盛魁相与的商号比拥有数万两白银都管用。首先，成为大盛魁的相与，说明这家商号信用卓著，别的商号也就愿意进行资本借贷；其次，大盛魁的相与之间的商业活动都比较方便。如果没有卓著的商业信用，在信息不对称、法制不健全的传统社会中，商家们就无法立足。

包头万利聚商号与乔家复盛公之间的故事就充分说明商业信用的重要性。有一天，包头万利聚商号的吴东家跪在乔家复盛公的门口，哭着喊着要花 8 万两银子买复字号的一个破箩筐，旁边聚集了一大群看热闹的商家相与。这事还得从一个月前说起。万利聚商号曾是乔家复字号的相与，借了复字号 8 万两银子，做羊毛生意，说好三个月还本付息，可是一年过去了却一直拖着不还。这天吴东家上门来，赖在地上向东家乔致庸哭穷：“我现在穷得每天提着个破箩筐沿街叫卖花生仁，除了房子就一个破箩筐了。”其实乔致庸早已经了解到，此人不仅有银子，而且还包养妓女，就是想赖账。看到吴东家这副德行，乔致庸只好说：“那好，我信了你，明日你把箩筐拿来，再给我磕个头，咱们的账就算两清了。”第二天，吴东家果然带着破箩筐来了。磕完头，乔致庸把借据给了吴东家：“你可以在这里当众烧掉！”吴东家也烧掉了借据。接下来，乔致庸把这个破箩筐摆在复盛公最显眼的地方出售，标价 8 万两银子，外带一年的利息。结果所有到复盛公来做生意的人，进门就来看一看，并把这个箩筐的故事当笑话讲给同行们听，一传十，十传百，很多人还慕名来看这个破箩筐。

晋商博物馆展品

邹氏与常氏贸易时用的发货收据

没过多久，万利聚商号在包头就没法做生意了，连大掌柜和伙计都觉得脸上无光，纷纷离开了，甚至京城和太原的商家也不敢与万利聚做生意了。吴东家这才知道问题很严重，只好再一次对乔致庸磕头求饶，把那只破箩筐给买回去了，并且还按照乔致庸的建议，把破箩筐挂在铺子门前，表明自己已经把欠款还清了。

由于人追求利益的本性，不单顾客会经受不住环境的诱惑犯错误，企业的员工也会有经受不住外界的诱惑而犯错误的时候，因此，社会成员之间要建立起彼此信任的关系是很不容易的。山西商人为了得到客户的信任，可谓费尽心机。大盛魁商号除了为牧民做好正常的服务工作外，平日里还为蒙民捎购物品，垫借钱财，凡应允之事，必须办到。遇到对方怀疑商品质量，例如怀疑布鞋鞋底内用的是草纸，店员就当众用刀将鞋底砍为两段，借以宣传，扩大影响。就是凭着这样认真细致的工作态度，山西商人终于获得了蒙古牧民的信赖，甚至到了一般购买者只认商标，不问价格，只要是认定商号的商品，就不怀疑其质量的地步。很多客户认准晋商商号的商品，数十年不变。

然而，人非圣贤，孰能无过。在过去的包头城，许多冠以“复”字的商店鳞次栉比，均是乔家开设的。其中复盛油坊是其经营胡麻油的专营店，复盛油坊的胡麻油榨制精细、品质优良，在包头一带占据垄断经营地位，远销关内外各地，很受顾客欢迎。“北路胡麻油”的牌子在长城内外打得很响。

光绪年间的一个深秋，复盛油坊准备贩运大批新榨制的胡麻油回山西销售。当时油坊中正存有一批劣质的胡麻油，装篓时，一些伙计为图厚利，便将劣质油掺入好油中。眼看着一大批运往山西的油已装好待发，掌柜突然来油坊检查，发现原存的劣质油不见了，便追问劣质油的下落。伙计们面面相觑，不敢吭声。在掌柜再三追问下，大家只得说了实话。掌柜闻讯勃然大怒，他下令将已装好的油统统卸下来，立即购置新的油篓另装好油。他还查明最初出主意装劣质油的伙计，将其开除出号，并以此事训诫全体伙友绝不能以次充好，自己砸自己的牌子，今后谁再办这类事，一定严惩不贷！据说，这次换装，油坊损失几十万两银子，掌柜也十分心疼，但他坚决这样做。事后，乔家财东对这位掌柜大加称赞，更加器重。更为奇怪的是，复盛油坊发生掺假事件后，掌柜一反“丑事不可外扬”的习俗，大肆向外人进行宣传，并将掺假的油篓公开销毁。伙计们一时羞得不敢见人，但上门的顾客反而越来越多了。消息传入关内，传遍城乡，复盛油坊的牌子从此更加响亮。

通过这件事情的处理，可以看出晋商掌柜从商经验的老辣。第一，将顾客是衣食父母的观念落实到具体行动中去，这不独是对顾客负责，更有利于企业的长远发展；第二，将员工置于顾客众目睽睽的监督之下，有助于提升员工素质，对员工来说不啻是一堂永远难忘的商德教育课；第三，将复盛油坊有勇气改正错误，坚决将顾客是衣食父母的观念贯彻到底的形象传播给顾客和大众，树立良好的社会形象，这叫暂时亏损长远来补吧！难怪掌柜要大力宣传。这种做法与海尔张瑞敏砸劣质冰箱有异曲同工之处。



## 四、一纸信票　行走万里

明清晋商作为一支重要的社会经济力量，雄踞徽商、湖商、粤商等十大商帮之首，长期执掌内外贸易之牛耳，盛极一时。那么，晋商创造如此辉煌的主要秘诀是什么呢？那就是诚信经营。山西商人诚信为本，诚信是经营的核心理念。晋商以雄财善贾而饮誉海内外，在中国经济史上占有十分显赫的地位，世界经济史学界也把晋商与意大利商人相提并论，给予很高的评价。

当商品经济发展到一定的程度，需要解决诸如金融通汇、异地汇款、结算和现金平衡等问题时，金融信用应运而生。清中叶以来，地方性区域市场由于埠际贸易的广泛开展而连成一体，商号规模扩大，分支机构增多，因此急需一个较为发达的金融市场与之相适应。在此背景下，兼有存放汇兑职能的独特信用形势——山西票号应运而生，这也是中国早期的银行的信用形式。票号自产生以后，服务开展极为顺利，在金融界中独领风骚。

1900 年（庚子年）是个多事之秋，由英、法、德、俄、美、日、意、奥组成的八国联合军队攻占了清王朝的首都北京，清廷逃往陕西西安，北京城中许多王公贵戚、豪门望族都随着慈禧、光绪逃往西安。由于仓皇，这些人甚至来不及收拾家中的金银细软，他们随身携带的只有山西票号的银票，一到山西，他们纷纷跑到票号兑换银两。

山西的票号在这次战乱中同样损失惨重，它们设在北京的分号不但银子

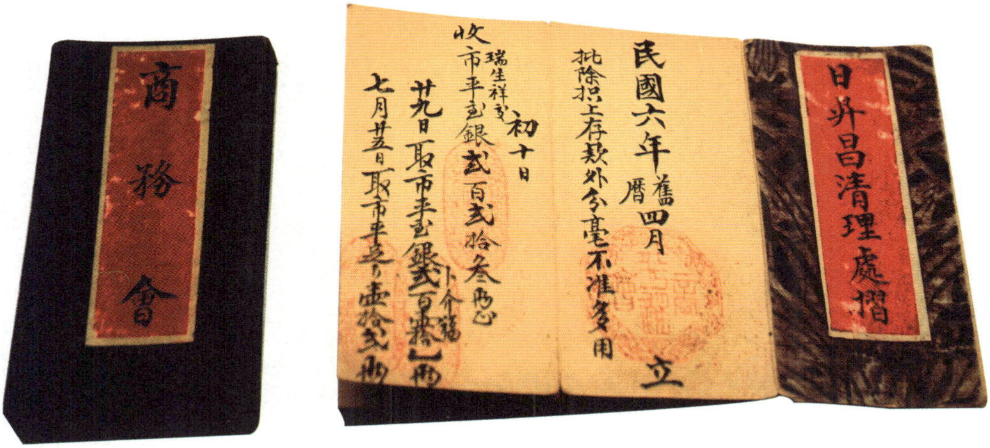


◇ 晋商票号日升昌账本

被劫掠一空，甚至连账簿也被付之一炬。没有账簿，山西商人就无从知道什么人在票号里存过银子，更无从知道储户到底存了多少银子。清代的中国远远没有进入法制社会，在这种情况下，山西票号原本可以向京城来的储户言明自己的难处，等总号重新清理账目之后再作安排。这样的要求可以说合情合理，因为来取银子的难民刚刚经历过京城的兵灾，很多人甚至是亲眼目睹了票号被劫掠的情况。但是，开中国银行业之先河的日升昌票号没有这么做，以日升昌为首的所有山西票号都没有这么做。他们所做的是只要储户拿出存银的折子，不管银两数目多大，票号一律立刻兑现。

不仅对王公大臣如此，山西的商号对待普通百姓也是以诚以理。庚子年，山西平遥城内有个讨吃要饭的老太太，一天拿着一张 1 200 两银子的汇票，到日升昌要兑付白银。伙计们拿到这张汇票时都慌了神，原来他们就从来没有见过这样的汇票。他们请来大掌柜才敢肯定，这张是真正的日升昌汇票。原来，这个老太太年轻时，丈夫在张家口做皮货生意，赚钱后办成汇票，藏在身上，在回家途中染病身亡，几十年后老太太在丈夫唯一的遗物夹袄中无意中摸到这张汇票，这才赶来汇兑。这张汇票已经有三十余年的历史，出具这张银票的掌柜和伙计早已经故去。伙计们翻查了所有的账目都没有找到这张银票的存根。正当伙计们正不知所措之际，掌柜一声：“全额兑付！”这张三十年的银票立即本息全额兑付。在兵荒马乱的时代，整个清王朝都陷入一片混乱，日升昌因遭到挤兑也濒临破产的边缘，仅凭一张已经三十年且没有人认识的汇票，日升昌完全可以糊弄过去，但是日升昌选择了诚信。

山西票号这样做，无疑是承担了巨大的风险，面临众人的挤兑，再加上真假难辨，在这种局面下，票号经营者稍有不慎，就可能使自己的生意遭受灭顶之灾。以日升昌为首的山西票号在面临危难之时所表现出的胆识让人赞叹，他们不惜以不计后果的举措向世人昭示信义在票号业中至高无上的地位。以义制利的古训被晋商透彻地理解之后贯彻在实践当中。日升昌清楚地看到，来山西票号挤兑银两的多是王公贵族，他们的行为属迫不得已，是国难所致。不论时间长短，灾难是会过去的。这些人在京城的政治和经济实力都不容忽视，为此从长远看，票号冒一定的风险，有可能会给自己带来更多更大的机会。

晋商银票

大盛魁的一家钱庄旧址

诚信对一个票号来说非常重要。当时的票号没有国家力量可以依赖，而且当时的法律也不健全，不可能通过法律来保护储户权益。可以想见，如果缺少了诚信，人们根本无法放心地把钱交给山西票号。没有朝廷和官场保护，又受不到法律保护，这样的大背景下，山西商人要做起异地兑换这样的金融事业，非常重要的一点就是信用。这是把儒家和农耕文明中的诚信和商业文明组合在一起的诚信，这是晋商的金融信用！

## 五、攀龙附凤 谒赐黄褂

明清晋商的产生和迅速发展是明清时期社会生产力迅速发展、工商业扩张、商品经济逐步萌芽的必然产物。但是在曲折的发展过程中，晋商与封建政府不可避免地发生了千丝万缕的联系。其中，利用封建政府的专制权力，取得垄断业务或特权，利用政府信用进行扩张，是晋商群体经常采用的手段，大盛魁的龙票就是典型的一种。

康熙三十五年(1696 年),康熙亲征噶尔丹后,开始废除了明朝的“马市”,重又开辟了归化城、张家口、多伦诺尔等贸易中心点。不过，康熙建立了一个叫做“旅蒙商”的新体系来运作跨边境商贸。清帝国的法律禁止商人在蒙古有固定的住所。由于这些商号不能固定经营，而必须流动经营，于是便得到了这样一个称号——“旅蒙行商”。清廷给其中一些商人颁发了经营执照（部票），允许他们到蒙古进行贸易。



深入内外蒙古地区开展贸易活动的多为晋陕商人，而大盛魁即属于地道的晋商。大盛魁不但持有清廷颁发的“票照”，而且还能借助满洲八旗兵营的庇护，堂而皇之地进行商贸经营。到其极盛期，还能带着“龙票”——即盖有当代皇帝印玺的特许营业执照，到广大牧区去“放印子”——从赊销放贷中获得成倍的利润和收取高额放贷的利息。当时归化城的字号，除了大盛魁和天义德两家旅蒙商号外，其他商号是拿不到“龙票”的。

1960 年，内蒙古的一个研究小组开始研究大盛魁的历史。这个研究给我们提供了一些关于这个辉煌一时的商号的重要线索。大盛魁能在蒙古进行垄断经营的一个得力工具是龙票，研究小组采访的一些呼和浩特的老人甚至见过这些龙票。据说龙票是 1 英尺 3 英寸到 1 英尺 4 英寸( 约 38 厘米到 40.5 厘米 ) 见方，由厚重的麻布制成。龙票印有清帝国四种官方语言中的三种满语、蒙古语和汉语，还盖有玉玺。龙票的周边印有彩色的龙的图案。没有人知道大盛魁是何时拿到龙票的，不过龙票是发行银票的执照却广为人知。

利用封建特权，在牧区放“印票”账，这是大盛魁致富的最主要手段。清政府颁发的龙票是规定放“印票”范围的票照，有了龙票就可以在规定的

古代的放印子钱人的雕像

地区“放印子”。大盛魁持有的龙票规定其放“印票”账的范围是科布多地区、金山额鲁特各旗以及扎萨克图汗、土谢土汗、车臣汗等地。这个放“印票”账是清朝时期旅蒙商在外蒙古地区独有的一种高利贷形式。当经营这种高利贷生意的商号向借贷者赊销货物或借贷银两时，不是由借贷者本人向这些商号开具借据，而是由借贷者所在“和硕”的王公、扎萨克,代表全“和硕”向这些商号开出借据。当牧民无法还贷时，旗主们就要承担追讨和还债的义务。而做这种生意的商号，一般习惯也就叫做“印票”庄。大盛魁就是蒙古地区最大的一家“印票”庄，大盛魁利用其垄断地位，操纵“印票”，严重地剥削牧民。

后来大盛魁把“印票”业务扩大到了税收领域。当时，朝廷摊派到外蒙各旗的捐税,是用银两计算。由于外蒙地方银两缺乏,蒙民多用牲畜缴纳税捐。在征收过程中问题很多，比如收缴时牲畜如何作价、收缴之后又需饲养和出售变价，这些问题，非常复杂，征税官吏不胜其烦。大盛魁掌柜史振兴从中看到机会，于是禀告主管衙门，请求统统交由大盛魁负责。具体做法是，税款先由大盛魁垫付，大盛魁在放“印票”账时，一并催收。回收的牲畜由大盛魁饲养和出售变现。当时收缴不清的部分，可以转为商号“印票”账，按月行息。大盛魁鼎盛时曾经一度持有蒙古 120 个旗的债务。

山西商人与封建政府之间的结托关系，表现形式很多，如明代扬州盐商，商籍有山西而无安徽，正是山西商人与政府有着特殊关系，政府优待山西商人而歧视徽商之明证。山西商人依靠与政府的特殊关系垄断市场、山西商人极尽其结交封建官吏之能事，与封建官吏建立了互相依托、互相利用的关系，也因此积累了相当的暴利。

# 第六章

# 晋商的信息战略

孔子说：“赐不受命，而货殖焉，臆则屡中。”就是说端木未接受官方的任命，而是以私人身份去经商，预测行情很准确。晋帮商人非常重视通过各种渠道了解市场信息、各地物资余缺及其他影响经营的因素。商品离不开市场，为商贾者必须熟悉市场，及时收集商业信息，以决定吐纳收放，制定经营决策。“买卖赔与赚，行情占一半”，就是晋商重视商业信息的真实写照。在长期的商业实践中，晋商领悟到只有及时掌握信息，才能做到耳聪目明，才能知于前，行于先，出奇制胜，游刃有余，才能使自己立于不败之地，并且获得丰厚的利润。可以说，信息对商业活动的成败有着至关重要的影响，因此在商业经营活动中，商业信息的收集、传递及保密是一项重要的业务管理制度。晋商对于信息的传递和交流以及商业机密形成了严密有效的管理制度。

# 第一节　商业信息之传递制度

商业信息的收集传递是否合理快速，能使业务运营中各个环节都得到适时有效的监控，能有效降低企业经营决策的风险性，是决定企业竞争力的一个重要因素。晋帮商人掌握市场信息，渠道有多种形式，当各地商号了解到市场信息后，便通过书函等形式，及时汇报总号，所以总号与分号之间一般是五日一函，三日一信，互通情报。我们知道，在电报业尚未发达前，书信就是商号上下联系、业务交往、互通情报的重要工具。晋商对于信件的传递、使用、管理，颇有独到之处，这是他们掌握商业信息的重要途径。

关键词：信息　信件

## 一、买卖赔与赚　行情占一半

晋商从商业竞争中领悟到信息的重要性，因此要求掌柜必须具有远见卓识以使自己“耳聪目明”，及时捕捉商机，制定经营决策，做到知于前、行于先、出奇制胜、左右逢源地游刃于国内外市场，使自己立于不败之地。各大商号把上至掌柜下到伙友对信息情报的收集、整理以及运用的实绩作为人事考核的内容之一。例如太谷曹家沈阳富生峻商号的掌柜有一年秋天回省探亲，一路看到长势喜人的红高粱，便随手折取几根，竟发现茎内蛀虫很多，当即断定虫灾蔓延，丰收无望，行情必涨，遂打消回省念头，折返沈阳，大批购进高粱。其他商号则被即将丰收的假象迷惑而大量抛售。届至秋收，高粱产量锐减，行情陡涨，富生峻顿获巨利。

晋商每每开拓市场并进而垄断市场，无一不靠信息灵通。如雍正五年（1727年），中俄两国政府签订了扩大通商的恰克图条约，确定以恰克图为通商之地。辟埠伊始，在库伦贸易的晋商得到信息，捷足先登，参与了市场的创建，从而独霸恰克图市场170余年，使恰克图由一个边陲不毛之地发展成为对俄贸易中心。山西商人各大商号、票号都把搜集、分析、鉴别和运用信息视为成功的关键。

晋商的商业经营基本上都是利用时区差价、贸迁有无，而这“有无”、“差价”的把握就需要对各地市场的供求行情以及时令变化加以调查和研究。所以晋商在商业经营中，很重视商业信息的收集和传递。

## 二、信息载体——晋商之信件

晋商为了及时了解各地市场行情、需求变化以及营业状况，总号对各分号均有按时反馈商情动态的规定。一般要求三日一函，五日一信，月终汇报全月情况，既报总号，又分报联号，做到上下左右通气。

晋商对于信的管理很严格，大些的商号有专门的信房,来往信件都要编号,在信中注明“寄去 ×× 次之信”、“×× 次信收到”。如果未编号的信也要在信件中说明。信件有正信、副信之分。信中还有约定好的暗语，以防失密。晋商传送信件的方式主要有两种，一种是通过民信局，民信局是清后期出现的一种信件投递机构,民信局有天成局、天顺局、正大局、光裕局等,通过民信局的信先由寄信方付部分邮资，收到信后由收信方付剩余银两。对一些特快信，则要求按时送到，提前或迟到均有奖罚。如道光二十四年（1844 年）七月二十八日蔚泰厚票号北京分号寄苏州分号第 38 次信称：“此信定于八月初十日晚间一准到苏，早到一天，加银二两，迟到一天，罚银四两，迟早到苏，寄信题明。

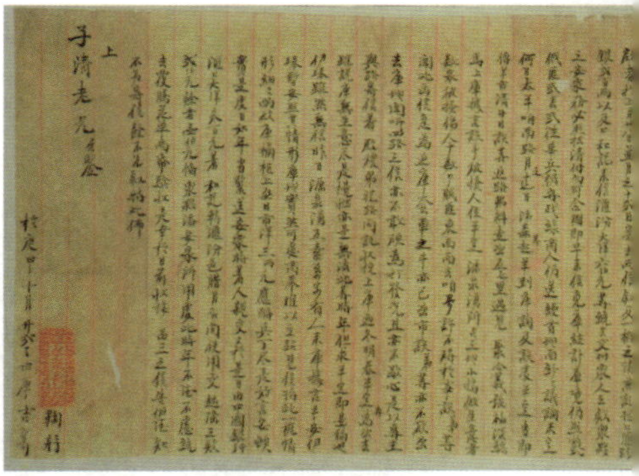

库伦商号的商业来往书信

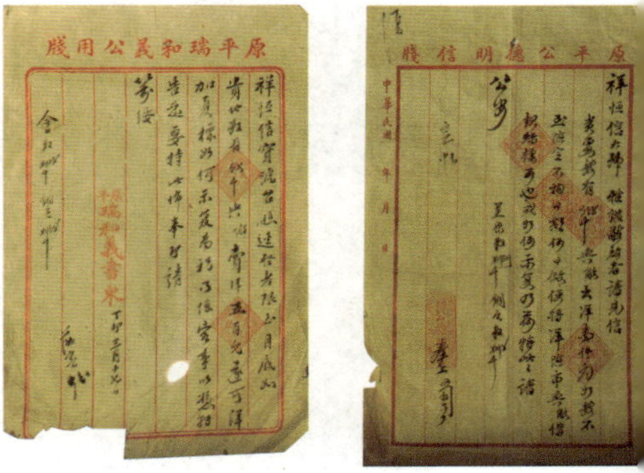

晋商博物馆展出的晋商各商号来往信件

京中先付伊脚力纹银十八两，下短银四两在苏找结。”另一种是托人或托商号捎送。所托之人并无固定，有时即办事之人。信的内容相当广泛，略举如下：

（1）照会汇票收汇业务。如道光二十四年（1844年）蔚泰厚票号苏州分号寄北京分号第88次信称：“今收会去王兰史老爷京平足纹银三千两，立去会票一张，注定在京见票无利收付。”

（2）通知见信可借银与人。如上信又称：“又带去咱无号信一封，内报伊会去之银，不敷其用，要向咱京局会借银一二千两。至日如伊不用则已，倘要用时，祈兄交付，教伊立票在苏，见票还咱，其会规看事而行。此位系署长洲知县，名锡九，进京引见，素日与咱号交结甚厚，故而不便推却。以目下看其大势，颇有底里，谅不碍事。”

（3）通知代办捐纳。如道光二十四年，蔚泰厚苏州分号寄北京第7次信称：“并封去周学浩兄由俊秀捐从九职，黄伟、司霭云二位由俊秀捐监生，履历各一张。”

日升昌票号的信房

信房是负责与各地分号联系、传达总部指示的办事机构。

（4）传达总号指示。如咸丰十年（1860 年）日升昌总号给汉口分号第 66 次信称："昨接成、重两处来信，军务甚是紧急。成都左近四面贼匪扰乱不堪，兼之省城勒逼捐输，以滞生意之家，实难存站，平以寄信去矣。即着成伙速归重号，暂行躲避。至重地一二百里，亦是贼匪，搅扰人心，亦属惊惶。如再不妥，亦要迁动。祈见信之日，不可不做。"

（5）通知银两调动。道光二十四年（1844 年）七月，由于苏州放款月息为 8 厘，银根紧，北京为 4 厘 5，蔚泰厚票号曾从北京调动银 74 000 两要运苏。是年该号北京寄苏州第 38 次信称：今伊逢吉动身，跟镖车三辆，每辆装镖箱八只，共计二十四只，计宝足银六万八千六百两。

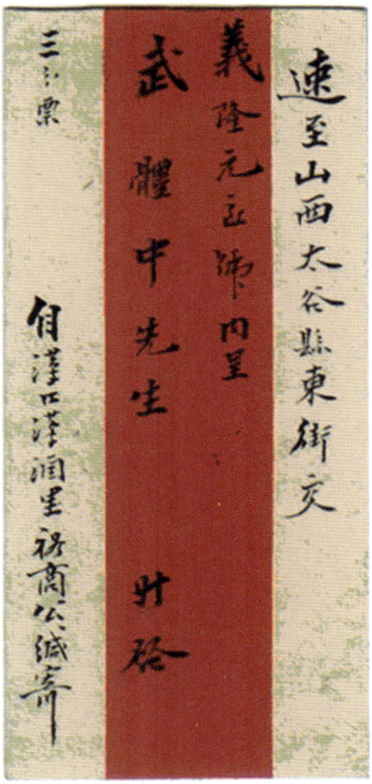

商号之间来往信件

各商号所写信函的内容十分广泛，凡与商业、金融有关的信息，几乎无所不包。为了保守秘密，各家信函都有自己的暗语，一旦信函失落，得者也难晓其意。遇有重要情报，分号必须派专人日夜兼程向总号亲口汇报，绝不让点滴信息落入他人之手。如光绪二十五年（1899 年），祁县大德通票号收到的一封经济情报信函中说："在晋北及归化、包头粮米价平，白麦每斤合三十元，而口内大秋收至七八分。闰八月十四日夜，雨有四寸余，此处冬麦亦下种。繁峙粟生双粒，宁武谷秀三歧，真系丰收……附及，二十六日忻州已被武卫军兵抢劫，拿住三名，已有头绪，云云。"这封信内容涉及粮食、气候、播种等诸多方面，由此可见晋商的信息传递方式主要通过联号间多种多样、内容丰富的信函来进行业务信息的报告。晋商联号间的信息报告制度是企业管理中客观的硬性制度，所以晋商的信息传递途径能保证商业信息及时有效地传递。

## 三、信息枢纽——晋商之会馆

会馆是由特定地域的商人或商号结成的松散的社团性组织，其主要功能是“报神恩，联乡谊，诚义举”。正是这种“乡谊”使特定地域在外经商的商人彼此之间有着强烈的患难与共意识，这种意识客观上成为商人之间信息传递的动力源泉。

晋商会馆作为同一地区的不同商号（有些以同业为基础，有些则不是）的叙语之地，在聚会议事、沟通信息方面发挥着重要作用。“凡通商之事，咸于会馆中是议”。据孔祥毅的《金融贸易史论》记载，北京的山西票号在章程中阐述并规定：“商会之设，原所以联络同业情谊，广通声息。中华商情向称散涣，不过同业争利而已。一人智慧无多，纵能争利亦无几何，不务其大者而为之。若能时相聚议，各抒所见，必能得巧机关……通力合作，以收集思广益之效……如同业中有重要事宜，尽可由该号将情告知商会董事，派发传单随时定期集议。”《重修山陕会馆碑记》亦记载：“创建会馆……以叙乡谊，通商情，安旅故，洵为盛举。”可见，会馆的一个重要功能是通商情，作决策。清光绪年间，归化市面沙钱横行，严重影响当地经济秩序。归化城十五社与

安徽亳州晋商会馆

外十五社负责人联合起来，在听取各方信息、建议后，决定在三贤庙内设立交换所，让人们以同等重量的沙钱换足制钱，并将沙钱熔毁，铸成铜碑一块，上刻“严禁沙钱碑”。碑文写道：“如再有不法之徒仍蹈故辙，禀官究治，决不宽恕。”可见晋商会馆中凝聚着的固有的“乡谊观念”和“宗族意识”使“同一血缘、地缘的商人之间有着很强的亲情认同意识，他们乐于彼此提供商业信息”。

从上面的例子我们可以看到，晋商在业务经营中都很重视对商业信息的把握。晋商的信息传递主要是以联号制度为基础的业务报告制度。此外，晋商分布在全国各地的会馆对于同区域内的商业信息传递也起着重要作用。可见，晋商收集商业信息的方式多种多样，非常灵活，并且对信息也进行认真的分析和处理，这是晋商能够在商业活动中做到耳聪目明、未雨绸缪的关键。这些都给我们今天企业的信息建设以深刻的启示。

# 第二节　信息的防伪及密码制度

信息的防伪及密码制度是晋商信息管理制度的重要组成部分。对于商业信息和商业机密的保护可以有效地防范业务经营中的假冒伪劣，保障企业信息传递的安全性。其中尤以山西票号的防伪和密码制度最为健全。在票号产生以前，我国虽然有汇票的流通，但是由于没有一套严格的保密制度而不能被广泛使用，平遥票号的出现，才开始了我国比较完善的汇兑制度。晋商经过不断的探索研究，创造了一整套严格有效的保密制度。从形式和内容上都是精心设计，非常安全。票号的保密制度保证了票号和顾客双方的利益。山西票号自创立以来，未出现过款项被人冒领之事，这就保证了票号的社会信誉。可以说，山西票号的繁荣发展与其严格的管理制度和保密制度是息息相关的。

关键词：防伪制度　主体　客体

## 一、防伪措施

19 世纪二三十年代，标志着近世中国商业资本向金融资本转化的山西票号应运而生了。随着市场的扩大和货币需求量的增加，中国国内市场上迫切需要一种金融工具来便利商业贸易中债权与债务关系的结算，这就为山西票号业的兴起提供了良好的外部环境，呼唤着山西票号的产生。但是，在国家产权保护缺失的情况下，作为个体经营异地汇兑和存放款业务的金融机构，并不像国家发行纸币一样具有法律制度的强制措施来予以保护。在这种情况下，山西票号要发放具有可兑现的金融票据，其风险是巨大的，这也是商人们投资票号业首先要考虑的问题。

对于防伪技术最有权威的仍属票号的执牛耳者日升昌。清代政府也曾印发户部官票和大清宝钞，但是与日升昌的票据相比，日升昌的防伪技术就显得更为完善和有效。有关山西票号的防伪技术主要体现在以下几方面。

### （一）以水印、安全线、彩点为代表的纸张防伪技术

晋商发明了多种形式的防伪保密措施，保障商业与信用关系的顺利开展

与进行。山西票号为了异地汇款所用汇票的真实而不发生假票伪票冒领款项，各家一般票号只能使用在山西平遥总号统一印制的“汇票”，汇票内加“水印”，纸质为麻纸，上印红绿线，绘有复杂的图案或者周边雕刻蝇头小楷的五经四书的某些段落。“如坏了一张，必须寄到总号备数。”如日升昌汇票上水印为“昌”字，后来为“日升昌记”四字。蔚泰厚票号的汇票水印为“蔚泰厚”三字等等。汇票的水印与印制版式也有专人监督，印刷完毕后要立即销毁。

### （二）以微雕技术为代表的印刷防伪技术

日升昌票号在印刷的处理上，不仅延续使用了宋、元时期的多色套印技术，同时也继承了明代的图版雕刻技术，并且创新和发展了微雕技术。如防伪印章的设计就是通过微雕技术来设计微雕章，这种微雕章的防伪功能属于微雕防伪技术的应用和发展。山西票号中的代表作的微雕内容就是王羲之的《兰亭序》，全篇345个字被设计在一枚印章上，雕刻工艺非常精细，需要很高的雕刻技术水平才能雕刻出。此外，汇票上加盖的印鉴正中人物像和周边刻有的小字，也都是运用微雕技术进行防伪的具体应用。

### （三）笔迹技术防伪

日升昌票号为防止票号的冒领，特别指定由专人书写汇票。从总号到分号，都有专人用毛笔书写汇票，并将书写人的字体汇报给总号及各个分号，预留备案。当各分号收到汇票后，必须与事先预留字迹进行核对，只有经核实无

复盛公的票据

误后，方可对所收汇票支付款项。对此，就要求票号的所有工作人员都能够根据预留的备案识别票号的真假。如果需要更换书写人员，更换后必须立即将字体报告给总号及各个分号，并预留备案。这种通过笔迹技术进行防伪的做法虽然可以追溯到宋代的私记，但在对防伪笔迹的管理和运用上则是宋代所不能比拟的。

### （四）印章防伪技术

印章防伪技术是指当汇票书写完成后，需要在汇票上加盖票号特制的防伪印章。在印鉴正中大多设计有财神像，周围再用蝇头小字的古文雕刻上与汇票有关的汇款金额、时间，并设有暗号。汇款人、持票人对此一无所知，只有票号内部的专业人士才能辨别其真假。尽管在宋代已有利用印章技术进行纸币防伪的做法，但山西票号在运用印章技术的基础上，又结合了微雕技艺、刻写古文与汇票的金额、时间相联系的方法来进行防伪。这种比较系统的配套做法用于纸币防伪，可以说是纸币产生以来的防伪技术历史上的一大进步。

晋商票号的核心技术在于汇票和存放款票据的防伪技术，在国家对私营

晋商使用的各类图章

工商业产权保护缺失的情况下，这一技术就显得尤为重要。中国纸币雏形的产生可以追溯到汉武帝时的“白鹿皮币”，防伪技术是伴随着纸币的出现而发展起来的，宋、元、明时期的纸币与防伪技术的进一步发展，为山西票号的问世及其有关的防伪技术提供了相应的技术基础。山西票号通过上述纸张、印刷、笔迹、印章和密押技术的层层防伪，就从技术方面确保汇票不被冒领。票号还通过内部的业务制度来进一步规范票号的业务运作，实现对票号的制度防伪。

怎样识别自己发放票据的真实性，使其发放出去的票据不被冒领，这始终是摆在票号业主面前的头等大事。只有在确保汇票安全的前提下，作为理性经济人的投资者，才会下决心将自己的资金注入这一领域。事实证明，在一百多年的业务经营中，票号不仅基本上垄断了当时清朝的汇兑业务，而且从未发生被冒领的情况，这就从根本上保证了票号的正常运转和兴盛。可以说，防伪技术的进步在票号兴起和发展过程中起到了至关重要的作用。从这种意义上讲，技术防伪和市场需求都是票号产生和发展的必不可少的条件。



## 二、密码制度

1. 银数暗号、时间暗号。山西票号经营者创造的以文字代替数字的密码法，我们也可以称之为汇票的密押，或现代银行密押的前身。汇票金额、汇款时间均设有暗号，即银数暗号、时间暗号，汇款人、持票人无法知道，只有票号内部专人才知道。号商们把代表签发汇票银两数目的 10 个数字、一年中的 12 个月、每月 30 天的这些数字，编写成易于背诵的汉字口诀歌，作为汇票的密码，只有票面上所记载的时间、汇款金额与密码所代表的时间、款额相符，并与出票分号邮寄来的信函情况（每笔汇款都要在内部信函上写明何时、何人由本地汇往何地款项多少）吻合，才能兑票。黄鉴晖等编的《山西票号史料》记载，平遥蔚泰厚票号就曾使用过这样的暗

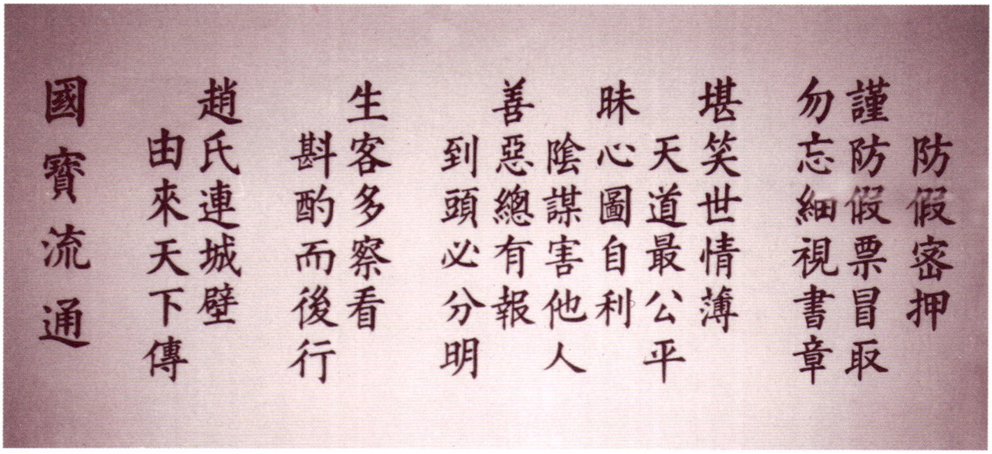


防伪暗语

号，代表每年 12 个月的相应汉字为“谨防假票冒取，勿忘细视书章”；代表每月 30 天的相应汉字为“堪笑世情薄，天道最公平，昧必图自利，阴谋害他人，善恶终有报，到头必分明”。

2. 银总暗号。如：“生客多察达，斟酌而后行。”又如大德恒票号汇票的暗号码，代表银两数“壹贰叁肆伍陆柒捌玖拾”的相应汉字为“赵氏连城壁，由来天下传”；代表四个数字单位“万千百十”的相应汉字为“国宝流通”。如“三月五日伍仟两”，即写“假薄壁宝”。又如某人在七月二日汇银 1 000 两，其汇票密码即为“勿笑赵宝通”。这样的汉字代码经常更换，让人莫名其妙。为了万无一失，防止月、日、银暗号泄露，在暗号之外再加一道锁，叫自暗号：“盘查奸诈智，庶几保安宁。”各票号密押不定期更换，新的代号均编成押韵口诀，号内有关人员必须死记硬背，了然于胸。

3. 当字与暗语。当字的写法对于保守当业机密和当票防伪也起到了密码保护的作用。当字写法“龙飞凤舞、奇形怪状”，既不好写也不好认，是典当业专业的一种字体，带有防伪之意。各种当物以符号代替，如单衣用“。”，棉衣用“O”，夹衣用“X”，谓之单点、棉圈、夹八叉，这些内容，山西当铺和徽典基本一样。另外，当铺为了防止损失、逃避责任，一般会在当票上对当品多加贬义，如翡翠、白玉写“硝石”，碧玺写“皮石”，碧玉芙蓉石写“假石”，田黄、鸡血等写“化（滑）石”，赤金写“冲（充）金”，较低成色写“淡

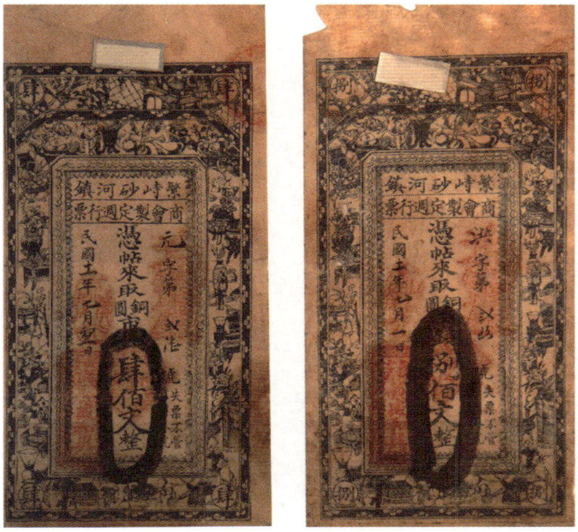
晋商票号汇票

金”,锡写“铅”字,字画写“纸片”,硬木、紫檀、红木、花梨、鸡翅木写“咋木”,黄杨、楠木、柏木等写“紫木”,银锭镶珠翠写“光银”等等。这些当字对于业外人士来说难于模仿和理解，所以不易发生假当票赎当的事情。

各行各业几乎都有行话暗语，意在保护行业机密。晋商经营的典当业也不例外。

山西当铺在估价时也用暗语来代替数字，山西本省一般有两套暗语，一种是：旦根为一，抽工为二，末王为三，不回为四，缺丑为五，短大为六，毛根为七，入开为八，未丸为九，先千或光千为十。另一种是:“由、中、人、工、大、天、主、井、羊、非”即是一至十每个数字的代号。而西典占统治优势的天津当铺的暗语为：道子是一，眼镜是二，炉腿是三，叉子是四,一挝是五，羊角是六，镊子是七，扒子是八，钩子是九，拳头是十。如果当户因为嫌价少，拿着当品要走的时候，坐柜掌柜必要过来打圆场。比如站柜的说拳头眼镜，用意是已经给过十二块钱了。坐柜的认可可以再加两块，就说拳头叉子，暗示给十四块钱。如当户坚持高价，不能达成协议时，他们知道一定要去别家去当,照例把所当衣物给当户整理好,但在整理时,运用一些暗记,使第二家当铺打开一看，就知道已经经过当铺了。一般的方法是：衣服上身，在折叠的时候，把一个袖子反叠，袖子朝下；裤子折三折；金货用试金石轻磨一下；表类则将表盖微启一点。第二家一看，就心里有数，所给当价，与第一家上下差不了多少。

这些隐语在山西典当的经营管理中，起到了保护当业机密、保障商业信息安全的作用，是一种不可忽视的业务信息制度。

总之,晋商在自己的业务经营中,很重视商业信息的传递,把搜集、分析、鉴别和运用信息视为成功的诀窍。他们在商业活动中，努力使自己“耳聪目明”，及时捕捉商机，抢占市场先行优势。为了使企业内部经营状况、市场行情动态、社会时局变化等信息能够迅速有效地传递，晋商存在着各自的信息传递媒介和途径。晋商主要的信息传递途径是以联号制为基础的信息报告制度，晋商联号间的信息报告制度是企业管理中客观的硬性制度，这就保证晋商的信息传递途径稳定有效。此外，晋商各地设立的会馆对商业信息的传递也有一定的作用。在账务和票据中晋商使用各种防伪标记及密码来保护信息传递的完备性，保障商业机密的安全。晋商几百年来业务经营保持兴盛的事实证明，晋商应用信息传递和信息保密技术具有经济上的合理性。

## 三、制度规范

山西票号不仅掌握高超的防伪技术，还具有与之相配套的严格的内部管理制度，从制度体系上确保票号技术的规范操作。山西票号的制度防伪体系包括对汇票的客体防伪和主体防伪两个方面。

### （一）票号的客体防伪制度规定

客体防伪方面主要是通过对票据的具体操作规定，以避免票号被冒领情

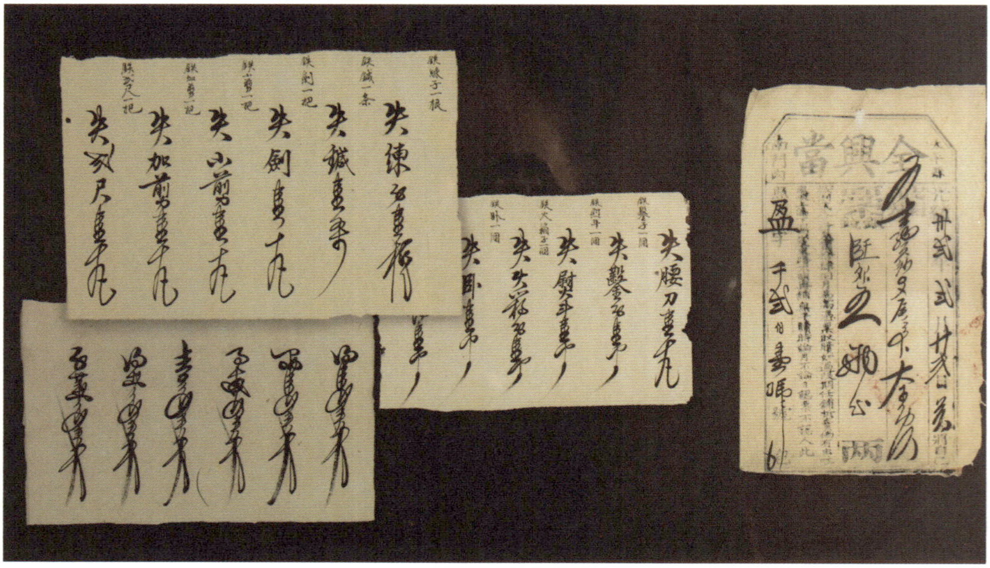

当字及当票的写法

况的发生。“除汇条外，还有所谓符节或飞符，就是一种暗号或凭证，多用银制。形式有各种各样，或方或圆或椭圆。一种飞符总是分作两半，彼此有往来的联号各存一半，汇款时两符相合为凭，这是唐朝合券取款的遗制。汇兑手续办完后，飞符的另一半退回原发行汇票的机关。”可见，山西票号采纳了唐代的飞符作为对票号的防伪手段，只有当两个半张的飞符能够合上时，汇票才有可能被兑现。除此之外，还要求各分号的汇票制作均统一使用总号的纸。如果坏了一张，必须寄到总号备数，以防被仿冒制作。如果票据作废则必须报知总号，同时通知各分号注销该汇票，以避免被冒领。这样就从汇票的制度层面上控制了汇票丢失和被仿制与冒领的金融风险。从票号的汇兑业务内容规定来看，汇票有见票即付和见票过几日再付两种情况。如果汇票已到，但按汇款时商定的兑付时间还未到，则不能提款。如果要提前支取，需交纳一定的费用。这种类似现在的期票贴现业务活动，在一定程度上为商人提供了融通资金的便利条件。

制度规范的汇票在当时的社会经济生活中具有极高的信誉，这种信誉主要体现在汇票对商人业务活动的便利上。清代的商户如果由汾阳至哈尔滨采购置办山货，可将一定数额的资金费用，如一千两白银交给票号的汾阳分号，然后由汾阳分号开出一张汇票。途中经过石家庄、天津，需要提取部分现银时，汾阳分号即通知石家庄、天津分号，说明提款人的姓名，待提款人到石家庄后，可到指定分号提款若干，石家庄分号可在提款人持有的汇票上记录提款若干、剩余款项若干。到天津亦如此，直至到哈尔滨后全部提出款项，此时就由哈尔滨分号最后收回汇票。在这一商务活动的全过程中，由汾阳分号开出的汇票之所以在石家庄和天津直至哈尔滨的分号都能被接受，其重要原因之一就是各个分号见到的都是同一笔业务中的制度规范的汇票，而这种汇票是符合票号的客体制度规定的，因而具有防伪效果。

### （二）票号的主体防伪制度规定

主体防伪方面的制度规定，主要是通过对票号有关人员的制度规定，包括对员工的人事管理制度、财会制度以及相应的制度来达到对票号的防伪。由于员工是实施防伪技术的主体，也是票号财会制度的执行者，为保证其公正性和规范性，票号还对员工进行相应的督察。对此，山西票号设有对人员监督的一系列详尽的记事账簿，记录伙友情况，作为考核奖惩的依据。督察制度要求山西票号的人员，无论老少，每逢下班，总要先到祁铺报到，如果要给其他人捎带物件，也必须先送本号留底转寄。此外，还通过休假制度、财产考核制度、财务制度等对员工的休息和财产作出了具体规定。山西票号之所以要实行严密的监督管理制度，其目的都是为了票号的防伪和盈利。

由上可知，山西票号不仅通过各种技术防伪措施保证汇票不被冒领，同时又通过内部制度来规范票号工作人员对汇票的操作行为，这是确保票号的自身利益不被侵犯的法宝，也是使票号在其运行期间始终立于不败之地的秘诀。

山西票号的产生与发展，是建立在宋、元、明、清的纸币发行，以及相应的防伪技术不断进步的基础上的。山西票号的产生是市场需求发展的产物，而山西票号的发展则以纸币防伪技术的不断进步为前提条件。市场发展和技术进步，对山西票号的产生和发展起着同等重要的作用。如果没有市场发展对票号的需求，就不可能有票号的产生；同样，如果没有纸币防伪技术的进步，就不可能保证山西票号的安全运行，也就不会有山西票号的繁荣与发展。因此，可以说技术进步是山西票号发展的必要条件。山西票号的防伪技术做法和经验已经被借鉴吸收为现代的货币防伪技巧，我们从现在看到的当代各国货币防伪技术中，依稀可以找到山西票号技术防伪的印痕。

# 第七章

# 晋商的账簿管理

山西票号账簿是旧式簿记，但组织完备，登记详密，发展比较成熟，达到了较高的会计水平。晋商数百年来积累的一整套财务账簿制度，为经营决策层准确了解市场形势、作出正确的决策提供了保障。这一系列账簿制度包括财务报告制度、各类账目登记制度、簿记制度、账目更改规定等。另外，晋商从事异地汇兑，对银票的防伪、现银的密押都形成了一整套完备的技术和制度。翻开历史的画卷，当我们拂去岁月的尘埃之后，仔细地品味我们祖先发明创造的这一系列具有现代会计制度雏形的账簿管理制度，或许会有所启发。

# 第一节　及时报告　便于决策

财务会计作为商号经营、交际和财务会计三大部门的其中之一，全面掌握资金的调度、“公积金”的运用并核算各方面的经营盈亏情况，可见山西商人对会计账簿管理的重视程度。晋商应用严格的财务报告制度，包括“月清”、“年报”、日常经营报告，对各类账目的登记和填写、更改都有一整套严格的规章制度。这一系列严格的财务报告制度一方面有利于商号得以正常运转和财务考核；另一方面，有利于票号最高管理层，可以及时准确地了解经营状况，把握市场动态，从而牢牢掌握经营的主动权。

关键词：财务制度　月清　年报

## 一、清晰挂账　按时汇报

乾隆年间，晋帮的兴盛达到了顶点，晋省也就成了清王朝摊派、劝捐、助饷最重要的省份之一。票号的诞生是我国金融发展史上的一个里程碑，然而今天人们更多关注的不是它们辉煌的业绩，而是它们给现代银行所带来的启示。票号的总号，非常重视及时掌握全国各地市场动态以及各分号的业务进行状况，而且能够把总号决策层的决策变成所有分支机构的实际行动。同时，各分号之间能够及时通报业务，协调配合，调度资金，实现“酌盈济虚，抽疲转快”。这主要是依靠各分号之间以及分号与总号之间不断的业务信息的报告制度。

著名的票号日升昌各分号的业务报告制度有三大条铁令。

（一）各分号必须有“月清”和“年报”。

日升昌分号的业务报告，分为“月清”与“年总结”两种。两者内容、格式基本相同，只是时间断限有别，前者上报于每月月底，后者上报于每年的旧历十月底。关于业务报告的格式，一位票号故旧作过描述：“报告使用旧式账纸，如同账本一样。报告内容，首先是各项总结起来的数字，并写在前面；

其次，关于各项总结数字的具体花名、地点及数字，都写在后面。”比如汇兑，前面只写该时期共收汇或兑出银两多少，至于每一笔汇兑的地点、日期、银数、客户等项，均分列于后。这样，总号看过之后，不仅可以稽核数字，而且可以明了都是做了哪些生意，有哪些收入和花销，有没有问题。

### （二）各分号必须有日常的营业报告。

除月清与年总结外，各分号还要对营业状况随时进行报告。票号业务执行报告分为口头汇报和信函书面报告两部分。口头汇报是指总号或者在各个分号，每天晚上营业终了，职员和管理部门负责人都必须向自己的主管当面口头汇报当天自己所办业务的情况，并且聆听主管对明天的安排。管理层则要综合情况，口头（在总号或者分号内）或写信书面（外地）向总号汇报情况，以便上级及时掌握业务动态，作出第二天或者近期的业务安排。另一种口头汇报是大掌柜巡视分号时的当面汇报，或者职员下班回到总号，必须直接到大掌柜办公室汇报情况，不得先回家再到总号汇报。否则不仅有贻误时机之虞，而且有经济舞弊之嫌。



### （三）书面报告必须规范。

书面报告主要是分号向总号的汇报或者对其他分号的报告。根据内容可分为两类：一类是对具体交易的直接说明，这类报告是收汇票号向付兑票号

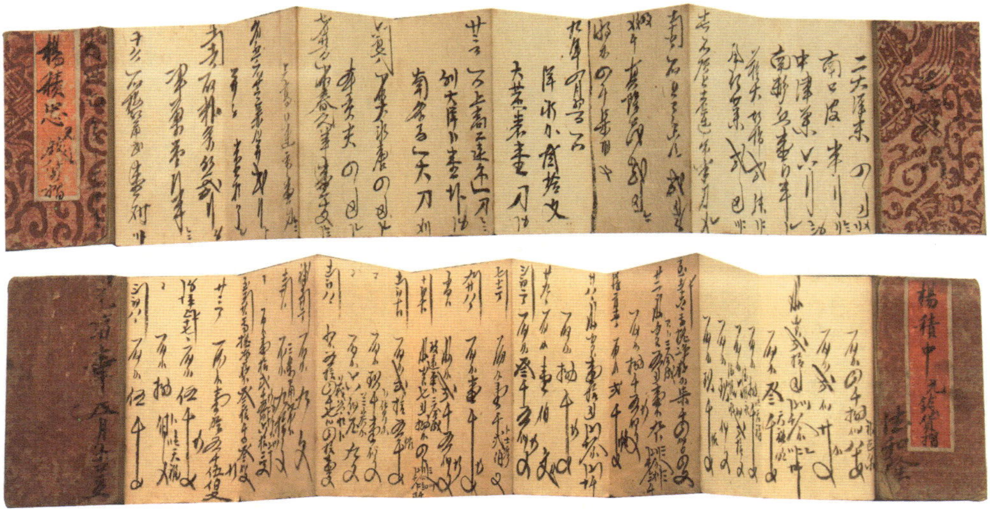

晋商账折

晋商账房

发出，具体说明收汇何人银两若干，何时兑付，以使兑付票号有所准备；另一类是对当地经营及市场情况的通报，包括本号每天的营业情况、当地的行市，以及对业务处理的意见等等。这类报告的主要目的是使总号与各分号均能了解全面情况，从而预作筹划，主动寻找商机。书面报告分为正报、复报、附报、行市报和叙事报几种。票号的业务报告量非常大，尤其分号较多的票号，更是因此而忙得不可开交，信房总是每天忙到深夜。于是，后来一般均规定报告周期，以减轻负担。如百川通票号规定，每 5 天为一周期，一个分号 5 天内每天只向若干分号通报。

当然雷履泰对自己也能做到严格要求，雷掌柜在每年终了还要作年度总结，必须汇总各号业务数字，将本年经营状况作一总结，写出书面报告。这份报告称为“清单”，是呈送票号股东的。它是总号汇结各分号年度总结后，再加上总号本身业务，综合编制的向股东报账的一种方式，类似近代银行的决算报告。四年一个会计年度完毕进行财务决算时，大掌柜要提出利润分配方案，由东家决定。

从上述内容可知，日升昌票号的账务管理与业务报告制度，已具有很高的水平，达到了精致化的程度。正是这些严格的财务报告制度的执行，才使得日升昌票号一直运转良好。票号的最高管理层，也可以及时准确地了解经营状况，把握市场动态，从而牢牢掌握经营的主动权。

## 二、组织完备　登记详密

早期的晋商走的是商业资本的道路，在整个经营活动中，商品的流动是主要的经营活动，商品的流通是主要的经营过程，经营利润是完全建立在商

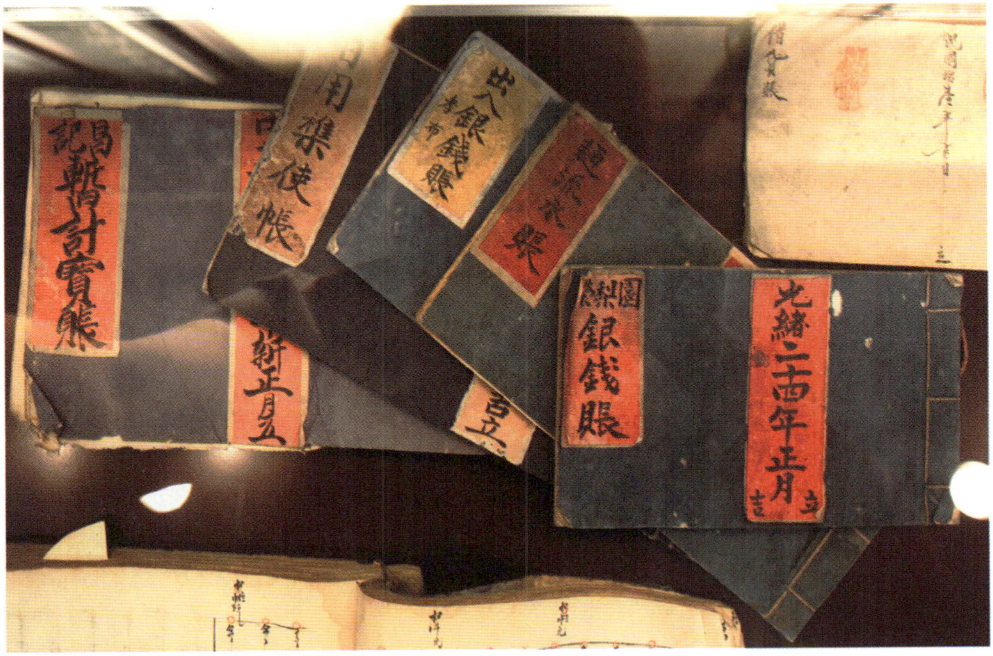

晋商账簿



品交易基础上的，这是早期的利润获得模式。这一阶段，晋商对财务管理的主要应用体现在账簿的记录上。

天津义善源票号是票号行业的一个小字号，但是麻雀虽小五脏俱全，他们对账簿的管理也是丝毫不敢怠慢。由于票号的业务内容较多，为了加强财务管理，其账簿的设置也颇为复杂。据一些票号研究者的考察，山西票号的各类账簿，其数量多达 16 种，且各具功用。根据一份 1911 年天津义善源票号倒闭清理时的记录，该号账簿共 12 种，22 册。现记述如下：长期账 1 册，规元账 1 册，局所账 4 册，各记账 5 册，各号账 2 册，炉房账 2 册，洋元账 2 册，往来账 1 册，暂记账 1 册，存条账 1 册，拨条账 1 册，各有账 1 册。

义善源票号账簿名目虽多，但以类来分不过四类：第一类是流水账，凡有交易，皆入此账，是票号业务最原始的记录；第二类是分类账也称老账，是在流水账记录的基础上，再分门别类地加以登载，以便条目清晰；第三类是现金账，凡交易过程中的现金往来，均入此类账簿；第四类是浮记账，为省时间而设，即浮记账共收取若干，乃如结出确数，而结算时浮记账余额系老账之一项目，须列入实在内。

山西商人商号、票号账簿虽然是旧式簿记，但组织完备，登记详密。各家商铺的账簿都多至十几种，但主要的几种账簿都很齐全：万金账（东伙开办时合同、股利分配等），流水账（借贷、汇款、杂支、汇费、利息，与各庄来往汇款），老账（即流水分类记），浮账（即活期存款），汇兑账，存款账、放款账及各地往来总账、本埠往来总账等。大德通票号的账簿，也是分为流水账、老账、现金账、浮记账四种。

大德通票号的基础账为流水账，各项交易，均须于此账内先加分录，然后过入老账，故可称为各种账目之原始账。大德通的流水账如同银行簿记之日记账，而账内抬头之下分上下两方，上方记载收入，下方记载付出。

三多堂账本

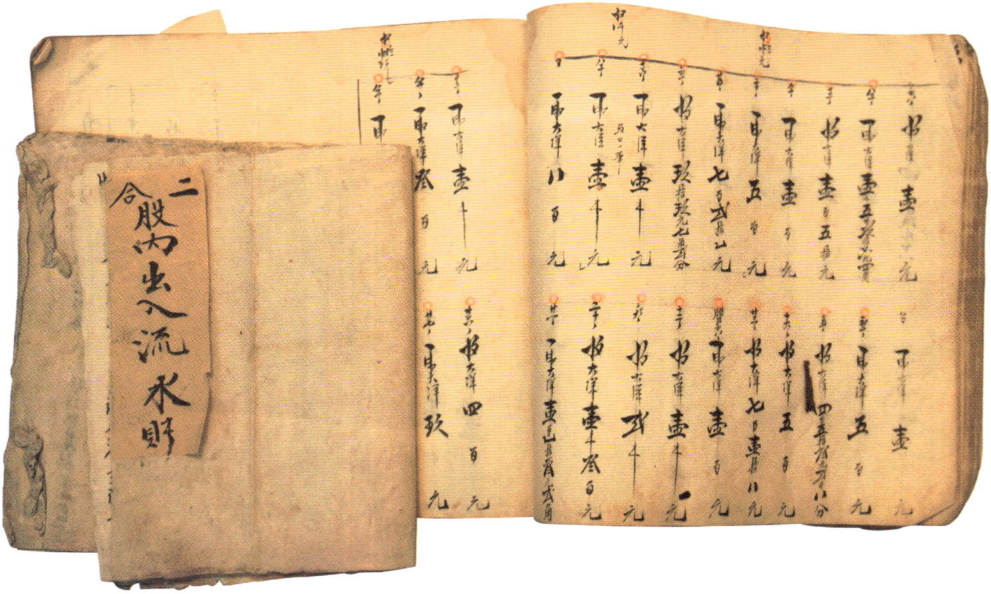

晋商账簿

晋商账室



经理们需要经常使用的账簿为老账，它相当于流水账的汇总账，即依流水账各个抬头，分别记载的一种账簿。该账包含全部财产变动的综合情况，因此经理可以据以知晓财产状态及营业损益。此账名称虽多，但也不外入出老账与收取老账两种：入出老账专载营业上的损益，即银行的损益部分；收取老账，表示营业上对内对外的一切资产与负债，收即银行债务部分，取即银行资产部分，出入老账合计的余额，即等于收取老账的余额。如要清抄，入即新收，出即开除，而收取即是实在，其余额即银行的纯益金。

大德通为了配合流水账和老账的使用还设置了现金账。现金账为核计库存而设，凡逐日出入现款，必须登记此账，其收付合计的余额，即本日库存之数。因当年票号极盛时代，逐日交易，事务过繁，如往来存款一种，增加特多，如果逐宗记入流水，再由流水抄入老账，只有二三个司账员绝不能胜任，于是为省时间提高工作效率，又设立了浮记账。它将往来存款及同仁(即同行)暂记等项，不过流水，直接登入此账，待月终结算时，只将收取两方之合计数，一笔移转于流水账。

山西票号复杂的账簿，是其特殊的管理方式以及当时经营环境的产物。例如，分号员工一切花销，几乎均由票号垫付，然后再予清结，这就需有专门账簿记录。再如，当时银两、制钱并行，而两者间兑换比率又不固定，同样需要备有专门账簿记录。此外，汇兑、放贷，名目不同，也需要分别记录。复杂的经营内容，必然需要严密的账务管理，而严密的账务管理，使各种交易处于一目了然的状态，也就为总号审核分号业务，从而控制整个票号提供了基本条件。

按照现代的财务管理观念来看，既然所有的财务管理终极目的就是通过资金运筹实现利润，那么，把经营要素资金运筹化显然是一种相当不错的选择。晋商把一切经营要素的资金化实际上是给予企业经营者一种财务管理的战略眼光。作为企业主的你完全可以超脱地来看待财务管理，什么时候把财务核心化了，什么时候把一切经营要素财务化了，你的经营就达到一个新的境界了。

晋商作为一大商帮，是一群通过朴素的商业实践把握和了解了财务管理的商人。在晋商成为中国传统十大商帮之首的过程中，晋商的财务管理实际上经历了一个朴素的把人、财、物这几个传统商业经营要素转化和融入财务结构的过程。

# 第二节 一丝不苟 新式记账

晋商的账簿制度有许多新颖之处，下面主要介绍晋商的龙门记账法和其对错账的处理方法。

关键词：龙门账 错账更正

## 一、龙门记账 财务稽核

簿记制度对于反映经营活动、提供经济信息、进行内部监督及防范控制风险等方面都是至关重要的。山西票号的业务内容较多，为了加强财务管理，其账簿设置颇为复杂。而同时为了防止舞弊发生，他们对旧式的账簿制度进行了改革，首创了中国的复式簿记制度。以后又逐步改进，设计出一套既简单又明确的适用于民间商业的会计核算方法——“龙门账”来进行财务稽核。山西票号还实行管库和管账分开，即出纳、会计分设，相互监督。

山西票号首创了中国的复式簿记制度。与其他票号做法一样，票号的财务制度是按“四柱清册”的理论进行核算的。山西参考当时官厅会计和“四柱清册”记账方法，晋商开创了中国近现代会计中“复式簿记”的先河。

票号的每家分庄所汇出之款必是另一家分庄汇入之款，所以每笔汇款都要在汇出分号和汇入分号同时登记、报送总号，总号逐笔核对平衡，形成了原始的复式簿记制度。后又设计出“龙门账”,将民间商业中的全部经济事项，按性质、渠道，科学地划分为进、缴、存、该四大类，分别设立账目核算。所谓进，是指全部收入；缴，是指全部支出（包括销售商品进价和各种费用等支出）；存，是指资产并包括债权；该，也称欠，是指负债并包括业主投资。当时的民间商业，一般只在年度终了办理结算（即现在的决算），就是核实和整理一年的经营成果，以便向业主交代。年结，就是通过“进”与“缴”的差额，同时也通过“存”与“该”的差额平行计算盈亏。如果“进”大于“缴”，就

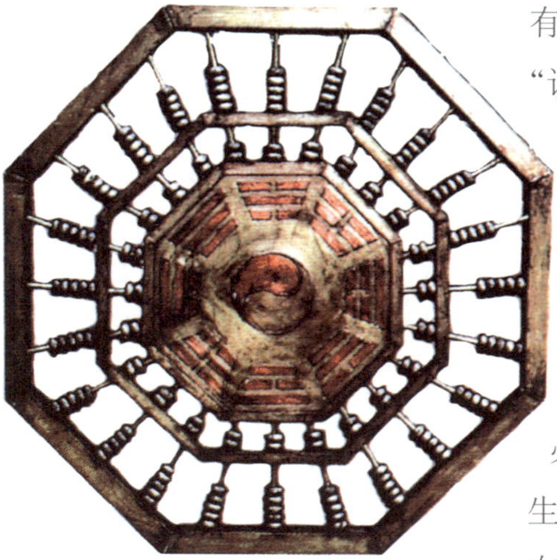

晋商算盘

有盈利；否则，就有亏损。它应该与“存”、“该”的差额（即盈亏）相等。

进、缴、存、该四大类的相互关系是：进－缴＝存－该，该＋进＝存＋缴。每当结算时，以此来验算两方差额是否相等，并据以确定当年盈亏，称为“合龙门”。否则，就是有问题，必须查找清楚，弄明是核算出错还是发生舞弊。“龙门账”认为资金“有来源必有去路”，通过经营情况的进缴表与资产负债的存该表的“合龙门”，进行财务稽核。并且通过进、缴、存、该四大类的记账、算账、报账等几个环节，对商业经营过程进行控制和观测，为经营管理提供信息和决策依据。

明末清初晋商实行的“龙门账”，是一套既简单又明确的商业会计法，其价值与意义对我国会计学发展有一定的贡献，“龙门账”的“合龙门”至今仍然是科学的会计原理之一。有的会计学家甚至认为“龙门账”是我国会计的开端。

具体说，“龙门账”对我国会计发展的贡献主要有三：1. 促使记账方法向复式记账发展。2. 发展了记账原理，为现代商业会计奠定基础。3. 初步确定了会计的基本职能。“龙门账”通过进、缴、存、该四大类的记账、复账、报账等几个环节对商业经营过程进行控制和观念总结，为经营管理提供信息，作为业主对今后工作决策的依据，基本上起到了能反映经营情况、监督经营行为和促进经营发展的作用，推动了簿记制度的发展。

“龙门账”的创始人问题至今还是一个悬而未决的问题，但主要集中在富山和傅山这两个人身上。富山是商人，而且是大商人；傅山是学者，而且是大名鼎鼎的学者。现代不少学者都对此进行考证。

考证之一：山西历史上有没有一个叫富山的大商人。司马迁在 2000 年前的《史记》中就记载了两位山西富豪——蜀卓氏和孔氏。从明代开始，有史记载的山西大商人林林总总，介休的范氏，榆次的王氏、常氏，太谷的曹

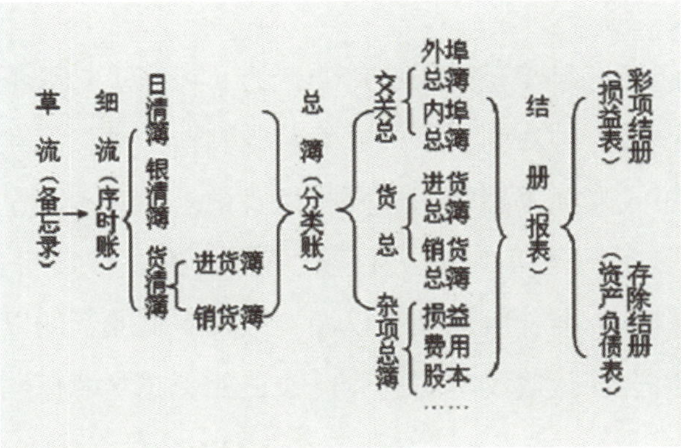

四角账是在龙门账的基础上发展来的

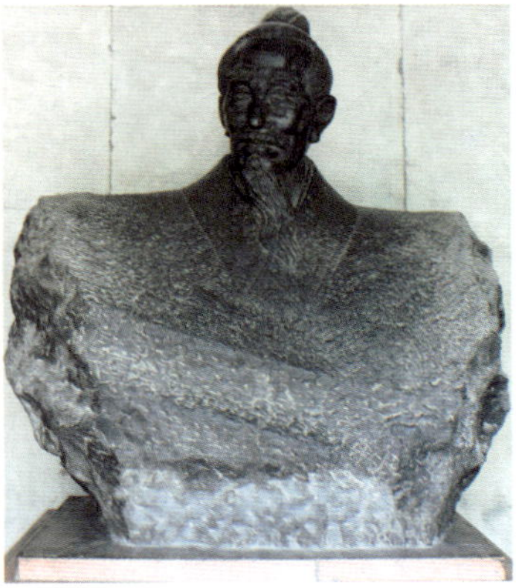
傅山雕像

氏、员氏，平遥的李氏、雷氏、毛氏，祁县的乔氏、渠氏，介休的侯氏、冀氏，灵石的王氏等等，唯独发明了龙门账的“富氏”就从人间蒸发了？对明清两代晋商的初步查访，还未见到有关富姓商人的任何资料，所以，无论如何，富山创建“龙门账”之说法尚无证据可以证明。

考证之二：傅山是否经过商或开设过票号？笔者考证了有关傅山的年谱近 30 部，尚未发现有傅山经商或开设票号的经历。傅山确实进行过近二十年的秘密抗清活动。按照人们的传说，傅山经商或开票号是为反清复明积累资金，那么，他的商业金融活动就应该在明朝灭亡之后。傅山虽然长期坚持反清复明斗争，除他的儿子傅眉、侄子傅仁因生活所迫开过药店卖过药之外，还没有任何史料可以证明傅山曾经参与过票号的创设和经营活动。所以说，顾炎武与傅山秘密进行票号业务活动与事实不符。

由此看来，“龙门账”的创建问题还是一个疑案。但是山西商人发明的“龙门账”对会计行业的贡献是无法磨灭的。

## 二、账目变动 亦有定规

晋商作为中国明清时期最活跃最富有的一个地域商帮，不仅创造了许多令人惊叹的商业传奇，而且有一套为现代人所不熟悉的会计处理方法。经研究现存的清代晋商老账簿，晋商对错账更正的方法就有所体现。

### （一）晋商会计错账的种类

晋商所处的明清时代，民间经济组织记账所使用的账簿、记账工具等都比较原始。当时的账簿均由一纸对折可双面记录的麻纸装订制作；会计记账使用毛笔由上而下竖式书写；正式账项采用简明扼要的模式记录；对需要说明的事项，如谁经手、单价多少等，则用小字在所记账务的右侧进行批注。当时在记账中尚未引进阿拉伯数字，会计所记录的日期、应收应付的钱两以及商品的数量、金额等一般应用会计体或汉字演进体反映，如壹贰叁肆伍陆柒捌玖拾，或一二三四五六七八九十，或者二者混用。在这样的会计环境下，晋商会计的错账主要分为三类：一类属于张冠李戴性质的错误；另一类是因写错数字或者汉字而造成的错账，如将“壹佰”错写为“壹拾”，或将“伍拾”错写为“陆拾”等；还有一类则是因漏记账项造成的错账。

### （二）晋商错账的更正方法

晋商会计对错账进行更正，归纳起来主要有以下几种方法。

#### 1. 隔期补记法

隔期补记法，是晋商对漏记账项进行补充更正的一种方法。采用这种方法，应在发现漏记账项时按正常记账格式进行补记，但补记时间按原交易日期书写。这样，会造成该账户的记账时间不连续。如六月二十五日发现五月初五

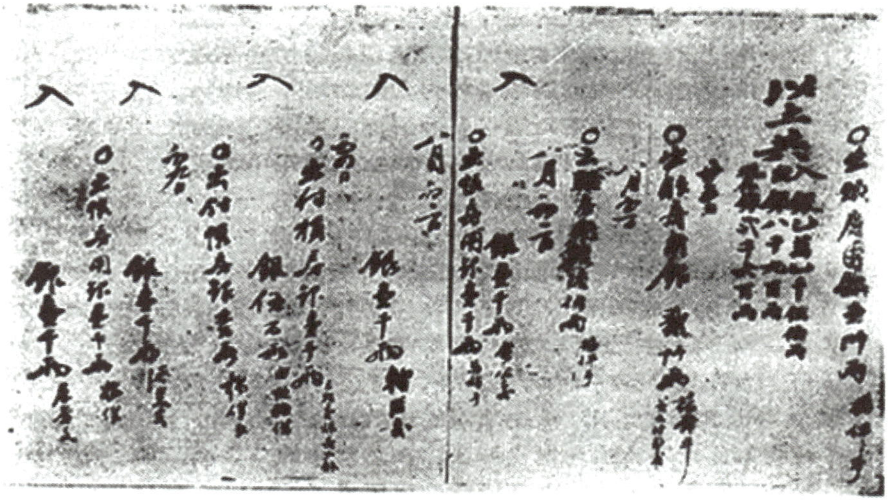

一张修改过的晋商账簿

赊销给张三的 5 斤茶叶未入账，则于六月二十五日在张三账户记录“补五月初五取茶叶伍斤”。

### 2. 旁注转拨更正法

旁注转拨更正法，是晋商对错记账户性质的错账所采用的一种更正方法。所谓旁注转拨更正法，即发现错账后，先在错记账户错误账项的右侧注明“卜（即‘拨’或‘转’）某某某账”，表示该账项从该错记账户转至某某人账户，日后不再向错记客户收取该账款或不将该金额结计在错记客户的期末余额中；然后将该笔账项登记于应记账户中，并在其右侧注明“由某某某账卜来”，表示该账项由某某某账户转来，以便核对。如将赊销给张三商品的账项错记入李四账户，日后发现进行更正时，在李四账户原记该笔账项的右侧加注“卜张三账”；然后在张三账户中再登记该账项，并在其右侧注明“由李四账卜来”。这种在错记账户通过右注“卜某某某账”作为错账转出的做法，反映了单式记账的特点，比较简便。

### 3. 改写描黑更正法

改写描黑更正法，是晋商对记错数字或金额的错账进行更正的方法之一。所谓改写描黑更正法，即在错误数字之上再书写正确数字，或将错误数字改写为正确数字，并对所改写的正确数字加重笔墨，加粗笔画，通过改写描黑

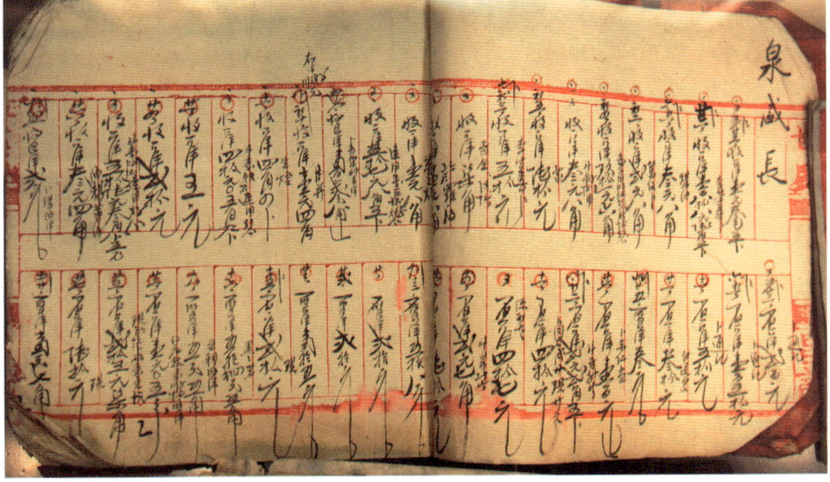


乔家集合账手抄本

以对原记错误进行更正。这种方法应当是在记账当时或记账后不久发现错账情况下采用的一种错账更正方法。通过改写描黑，给人很醒目的更正感觉。

### 4. 刻挖贴补更正法

刻挖贴补更正法，也是晋商对记错数字或金额性质的错账进行更正的方法之一。采用这种方法，对记错的数字先用刀剪将其刻挖掉；然后裁剪一块比所挖错账大一点的同质账纸，垫衬粘贴于被挖处的背面（即夹在该账页之中），并在新贴补账纸上面重新书写正确账项，书写的有关文字笔画应尽量跨及新、旧账纸的边缘上，使新补账纸与周边形成固定关系，不能随便再行更改；最后在重新书写账项之上加盖图章。刻挖贴补更正法是晋商应用最少的一种方法。

### 5. 画圈旁注更正法

画圈旁注更正法，即在所写错的汉字或金额之上先随意画一圆圈（或三角），表示对错账进行注销；然后在圆圈的右侧书写正确的汉字或金额，以对错账进行更正。有的商号还在更改之处加盖图章。画圈旁注更正法也是一种比较醒目的错账更正方法。

### 6. 红纸遮贴更正法

红纸遮贴更正法是在发现错账之后，先用刀剪裁一块与错账面积大小基本相同的红纸；然后将红纸粘贴在错账处或将错账遮贴住；最后在红纸上重新书写正确账项，并尽量使重新书写的有关文字的笔画跨及红纸的边缘和原账纸上，以示该账项不得再行更改。红纸遮贴更正法是一种非常醒目的错账更正方法。

从上述内容可以看出，清代的晋商已有较多的错账更正方法。按照现代标准衡量，这些方法均不符合要求，主要是因为，太过随意，缺乏统一性，而且按单式记账原理进行错账更正，不适应复式记账的会计环境。因此，它们对现代会计实务已经没有参考价值和指导意义。但是，作为几百年前曾经广泛流行且持续较久的一种历史事物，其历史作用和历史意义不能被否定。应当承认，晋商的错账更正方法是与当时社会经济发展相适应的、符合当时人们认知的、在技术上也很有效的一些会计方法，它们是中国旧时错账更正方法的缩影，与现代会计的错账更正有着渊源关系。

# 第八章

## 晋商的人脉战略

晋商在明清商界上取得辉煌的成绩固然与其内部科学的经营管理有着密切的关系，但是企业并不是一个孤立的个体，它是活跃市场的一个重要分子，必然受到来自消费者、同行竞争者、供应商、政府等方面的巨大影响，这些构成了一个企业生存和发展的重要外部环境。能否正确处理与这些群体和部门的关系对企业有着至关重要的作用。我们知道晋商能够发展壮大数百年而不衰，创造商业神话，人脉战略是最重要的战略措施之一，视顾客为上帝，诚信经商为晋商赢得了持久的市场和良好的商业形象。其独特的相与之术为晋商打造了强大的团队，促使晋商发展成为有着巨大影响力的地区性商帮。借助贵人、依托官府扩大了企业的影响力，可以说明清时期的晋商在其人脉关系的处理上的成功和缺憾谱写了一曲晋商兴衰沉浮的历史长歌。

# 第一节　同舟共济　晋商与相与

在许多人看来，商界同行为了获取更多的利润，在市场上占有一席之地，相互之间往往竞争倾轧有余，合作谦让不足，但山西商人笃信“和气生财”，重视与社会各方面的和谐相处，尤其在同行往来中保持平等竞争，又相互支持和关照。晋商对相互友好的同行总是保持良好的关系，与之建立“相与”关系，但这种关系是经过深入了解，认为可以共事，能够进行银钱来往才可以建立的，否则会婉言谢绝。一旦成为“相与”，晋商就会竭力维持，即使无利可图也不会半途绝交。在当今社会信用日下、人们“各扫自家门前雪”的情况下，晋商的“相与”文化不仅对维护商业信誉问题有所启发，也对我们建立良好的人际关系氛围有所借鉴。

## 关键词：慎待相与

晋商提倡与其他同业之间广泛开展横向联系，建立适当的“相与”关系。如晋商大盛魁在质量第一的原则下选定适当的铺号，便世代与之交往，永不变更。当这些小手工业匠铺发生资金困难时，大盛魁还给予借垫，这样不但保证了商品的质量，密切了同这些匠铺的关系，而且还确保了货源，为长远利益打下了牢固的基础。榆次常氏天亨玉掌柜王盛林在财东将要破产时曾向其“相与”大盛魁借银 3 万 ~4 万两，让财东把天亨玉资本利润全部抽走。天亨玉在无资金情况下全靠借贷维持，仅将字号改组为天亨永。字号能够照常营业，未发生倒账，全凭了王盛林掌柜的人格信用。1929 年大盛魁发生危机时，王掌柜派人送去 2 万银元。当时有人反对，认为此款放出后根本无法归还。王掌柜正色道：“假如 20 年前没有大盛魁的支持，天亨玉早完了，哪里还有天亨永呢？”

又如祁县乔氏开办的复字商号在处“相与”时颇为慎重，当确认某商号信义可靠时，才与之建立业务交往关系，并给予多方支持。即使对方中途发生变故，也不轻易催逼欠债，不诉诸官府，而是竭力维持和从中汲取教训。其指导思想是“宁舍银钱，不结冤家”，“与其把钱花在衙门，不如多交相与相亲”。民国十一年（1922 年），包头双盛公、双盛茂亏赔倒闭，欠复盛全白

河南洛阳潞泽会馆大门



银 6 万两无法偿还，东家杨老五给财东乔映霞磕了一个头就算了事。广义绒店欠复字号 5 万银元，仅以价值数千元房产抵债了事。正由于晋商重视与社会各界和睦相处，笃信“和气生财”，称业务往来共事多年的同行为“相与”，因而各商号都愿与晋商生意往来，建立联系。

相与之道，不仅仅体现的是晋商的厚道和义气，它实际蕴含着高超的智慧和哲理，即同业共存共荣。他们认为与有往来的商号共存共荣，是商号维持长久发展的唯一道路。一本现代《商经》对这种理念有过精辟的论述。企业是社会的公器，因此企业必须和社会一起发展。企业经营扩展它的营业范围是很重要，但仅这样是不够的，企业的经营活动必须带动整个社会的繁荣。因为事实证明，如只有自己的公司得到发展，社会成长却不能相配合，终究是不能长久的。社会必须一起繁荣，共存共荣，否则必不能得到真正的发展，这是自然法则。企业为了扩展它的事业，就要靠和它有来往的企业或人。如买方、卖方、消费者以及提供资金的股东和银行，甚至于地区、社会大众等，彼此以各种形态保持关系。如果牺牲有关系的一方来图谋自己公司的发展，是一件不可原谅的事情，最后必会导致自我毁灭。只有经常考虑交易对方的利益，才能使企业维持长久发展。

# 第二节 投身公益 晋商与社会

晋商与社会的关系集中体现在晋商在社会公共事业中的活动，在中国的传统公共领域，士绅一直发挥着重要的作用。张仲礼在《中国绅士——关于其在十九世纪中国社会中作用的研究》一书中指出："绅士作为一个居于领袖地位和享有各种特权的社会集团，也承担社会的若干职责。他们视自己家乡的福利增进和利益保护为己任。……他们承担了诸如公益活动、排解纠纷、兴修公共工程，有时还有组团练和征税等许多事务。他们在文化上的领袖作用包括弘扬儒学社所有的价值观念以及这些观念的物质表现，诸如维护寺院、学校和捐贡等。"晋商作为当地有实力的士绅，他们以极大的热情和宽广的心胸投入到地方公益事业的各种活动中，慷慨解囊，协助政府，领导民众，造福社会，到处留下了他们活动的身影和活动，历经岁月磨砺而不衰。他们的美德和事迹也被流传后世，赢得了后人的高度推崇和赞赏。总而言之，几乎在地方一切公共领域，都可见到晋商活跃的身影。



## 关键词：公共建设

晋商常年在外经商，不辞辛苦，艰苦创业，才逐渐积累了自己的财富。但是他们并没有见异思迁，贪图享受，唯利是图，而是时时刻刻都铭记着家乡的父老乡亲，千山万水也无法阻挡他们对家乡的深切思念，午夜梦回不知留下了多少思乡的泪水。富贵还乡，叶落归根是他们一生最高的精神追求，同时也是他们艰苦创业的精神力量。正是这种对家乡的深厚感情，他们致富后的第一选择就是积极投身于家乡公益事业，为家乡百姓尽心尽力。晋商在公益事业上积极热情、不遗余力的完美表现，间接地提高了商人的知名度和美誉度，为其商业营销活动创造了良好的条件。

在晋中，晋商作为当地有实力的社会群体，无论是否属于士绅，由于他们比较富有，可以说晋商在地方建设、赈济、教育、文化等公共领域发挥着不可或缺的作用。这可以通过晋商的各种活动得到生动的诠释。晋商所做的义举有很多。他们广置族田、义田，救济家乡穷人；他们还赞助家乡的各种建设，在修城、筑路、架桥、办学、修建书院等等方面都作出了许多贡献。

山西平遥文庙里超山书院徐继畬雕像

正如刘容亭所说：“民既富有，读书识字之人必多；人民之知识既富，则公益之事易举，急公好义之风必盛。”



## 一、投资义学 文化繁荣

晋商致富不仅仅惠及子孙，让他们接受教育，求取功名，他们还把这种美意施及同族乃至同乡，或创立义学，或为书院捐资，使得家乡子弟有了更多的入学读书的机会，大大提高了当地人口的文化水平。

在晋中各县志中，谈及书院，无一例外都提到商人的捐助。石生泉的《悦书杂记》记载：“道光年间的‘超山书院’则是依靠绅商捐资来维持教学。尤

凤山书院牌匾

乐善好施牌匾

其在平遥票号业发达之时捐资者络绎不绝。仅光绪八年，日升昌东家李五玉之母李王氏一次就为书院捐银 3 000 两，使书院的办学经费绰绰有余，普通人家的子弟也因书院有充分的膏火补助而争相入院读书。同时，书院请的都是进士出身的人来任教。有汾阳人梁学海，定襄人梁述孔，介休人王鼎彝，灵石人吴信臣、何莱福、王舒萼，五台人徐继畬、王丕显，崞县人宋志廉，文水人武达才，代县人庞玺。有了优厚的膏火补助，再加上名师执教，超山书院办得十分红火。”

祁县中学校门

戴明道的《祁县教育志》记载：“祁县的昭余书院成立于道光初年，当地绅商捐银 2 万两，作为书院延师和生员的膏火费用，而此前书院学田的年收租银仅有 140 余两，租谷 58.4 石左右，可谓微薄之至。有了商绅的捐助，不但书院院舍修缮一新，而且聘请老师都是选择有名望的举人和进士。”

太谷凤山书院也不例外。太谷教育志编写组的《太谷教育志》记载：自乾隆二十一年（1756 年）起，到清末止，县绅共捐银 2 万两，先后交商生息，维持了凤山书院的兴盛不衰，也使当地人才辈出。如太谷在明朝时有举人 53 人，进士 6 人，清朝则升至举人 323 人，进士 53 人，还有钦赐举人 9 人，钦赐副榜 9 人，人文之盛于此可见。

光绪初年，平遥商绅建议兴办“宾兴文社”，蔚盛长票号财东梁赵村程仲溪秉承父母之志，带头捐银 5 000 两，并捐童生试费白银 580 两，魁泰烟店掌柜邓元文捐银 1 000 两，王克谦捐银 300 两，各商号及人士也纷纷捐资，共捐银 13 300 余两。除开支当年文武乡试、会试路费、童试卷费、社内刻印开支等外，还发典商本银 12 000 两，年息 6 厘 5 毫，以资积累。宾兴社的资金使用和助考兴学的运作，由捐资者公推 20 名社董，分四班轮流值年，公选的 20 名社董都是商界和学界的精英人物，其中的代表人物有蔚丰厚票号大掌柜范凝晋、协同庆票号掌柜刘庆和、协同票号第一任掌柜陈平远之子陈云章等。

祁县富商渠本翘也非常关心地方教育事业的发展，他与祁县士绅集资捐银 2 万两，于 1904 年创办祁县中学堂，学校开设国文、数学、物理、化学，英语等课程，该校学生到太原参加考试，各科都取得了好成绩。其子渠晋山也深受其父亲的行为影响和感召，出资 2 万两创立竞新小学，聘请名师任教，并对家庭困难的学生予以资助。竞新办学 18 年，共投资 8 万元，为社会培养了大批人才，国民政府曾两次对其予以嘉奖。新中国成立后，渠晋山把竞新学校的图书、房产全部捐献给祁县中学，为当地教育作出了很大的贡献。

祁县人孟布云在太原创办的私立光华女子学校也得到了渠本翘、乔景俨的捐资赞助。1909 年，祁县创立女子学校，开山西学界之先例，其成立也离不开众商绅的支持。祁县商界还兴办了商业专科学校，以培养商业人才。

榆次常家对地方教育也有过许多资助。道光十七年（1837 年），常家为榆次书院捐资，知县以“崇文尚义”匾褒奖；光绪五年（1879 年），常家资助山西官局刻书，曾国荃赠匾“义美风雅”；光绪三十三年，因榆次高等小学设备简陋，图书稀少，常家慨然将家藏《十三经注疏》、《二十四史》、《二十二子集》、《昭明文选》、《朱子全书》等珍贵书籍捐赠，县令以“分惠士林”匾恰如其分地颂扬了常家对当地教育事业的贡献。

不仅富商大贾对当地教育作出了成绩，即使是中小商人，也有无数捐资助学的实例。

平遥：乾隆七年（1742 年），兰村、北营村、曹冀村商人联合祁县两个村，集资于交界庙兴办义学，招收大批家庭困难的儿童读书识字。南梁如壁村尹清兰捐银 1 300 两，与其兄尹清芝于嘉庆初年在本村创办义学，并购置良田 30 亩，以每年的租粟支付先生束修和学校日常开支。侯冀村刘庆和于光绪初年出资在自己家中创办义学，招收灾后流浪孤儿入学读书。

祁县：阎寿山，阎各名村人，自筹资金4 000元，于民国九年（1920年）在下古县村兴建学堂一所，面积4 200平方米，有教室两处，还辟有室外运动场，聘师范学校毕业生为教师，解决了附近村民子女入学困难。张祖绳，存义公股东，因家事繁积而辍学，以为终身憾事。乃于光绪三十四年（1908年）于乡中设立尚志小学，亲族乡党之子弟多劝来读书。其一生怀抱志愿就是“得天下英才而教育之”。

在晋中各地县志中，这样的捐资助学实例数不胜数。无数捐资助学的实例，尽管我们不能确定他们的商人身份，但以晋中社会之常例推想，这无数的捐资助学者中，商人一定是其中的主要力量。

由于晋商在捐资助饷等公共事务中的突出表现，为了对晋商这种报效朝廷的行为予以奖励，清廷还对当地有科举名额上的特别照顾。如《晋政辑要》中记载：“山西在咸丰二三四年，绅士总共捐输银三百四十万余两，咸丰五年奏准乙卯科山西乡试加文中额二十名，武中额十三名。”以后又屡有加额，如咸丰五年（1855年），太谷县因捐饷银较多，故而本年增加名额12人。咸丰九年，榆次因捐输军饷，增加学额7名。光绪《祁县志》记载：“祁县于咸丰年间，因本邑富户屡次乐输，奉旨于原额外，科岁两试加进文童十名，岁试并加进武童十名，永为定额。”这样的特别待遇，为当地读书人的升迁提供了相对多的机会。

除了捐资助学外，富有之家往往还成为藏书大家，最后贡献于社会。祁县何家、渠家、乔家等巨商大贾不惜巨款，大量藏书。渠仁甫将自己珍藏的近万册珍贵图书全部献给国家。现在祁县图书馆内有古籍图书50 300册，其中善本书952种，计18 700余册，选送全国善本书目的有220种，计4 000余册。馆内孤本有50余种，有的甚至是海内外孤本。馆内还有许多珍贵文物，有五代时南唐董源、宋朝马远之山水画，元代管道升，明代唐寅、文征明、沈周、仇英、陈洪绶、兰英、海瑞等人书画多件，已经鉴定为国家一级文物的有1件，国家二级文物28件，国家三级文物300余件。祁县文物管理所所藏文物大约600余件，为唐、宋、五代、元、明、清近十个世纪不同风格的作品，且大

山西万荣李家大院

多为名家珍品。榆次常赞春于光绪三十三年（1907 年）捐赠自己的藏书给榆次学堂。太谷赵铁山将其藏书 36 400 多册捐赠给了太谷图书馆和山西省博物馆，为当地文化事业作出了贡献。

总之，晋商中无论富商巨贾，还是普通商民，他们或是出资办学，亲力亲为；或是开风气之先，创办女校；或是收藏书画，捐赠社会。种种助学之举，使得当地许多人得以读书识字，促进了当地民众的素质的提高，为晋中文化教育事业的发展作出了重要贡献。

## 二、社会赈济 流芳百世

在中国传统社会中，国家作为肩负养民之责的权力实体，一直承担着荒政中的赈济职能，在地方荒政中则相应由地方政府承担这一事务。但随着国家救荒力不从心，渐渐兴起了地方精英的赈济行为，这种社会赈济成为与国家赈济并行的重要方式而广泛存在。在山西，晋商以其经济实力在地方社会中为公众瞩目，在灾荒之时，他们自然成为赈济中的重要角色，作用尤为凸显。

时至今日，在各地乡民中也仍然流传着商人当年济荒救灾的故事。

20世纪80年代《祁县里村修善村村史》稿本中就记载了光绪三年(1877年)大旱时商人对村民的救荒之恩："光绪三年大旱，我村开明商人孙继申、王稀英、郝常发三人将其家中存粮捐献出来救济灾民，使我村饥民得到了一点保命粮，加上树皮草根，得以渡过三年大难。对这一救助行为，地方执政者也予以认同和鼓励。"

光绪《补修徐沟县志》也记载，各州县积善富绅耆老及盐当邑商、各色富店，并一切上富、中富、小富之家，务期共发慈悲，好行其德，除周恤亲族六姻外，或系附近市邻，或属同村共社，凡遇饥民衣不蔽体者，统望各量资力之可能，就近施给棉衣，以纾穷困。

事实上，这也是一种人际交往中人们对地缘关系的认同和归属。因为人在社会中的存在离不开群体，而人对群体的归属层次首要的是血缘关系，其次就是地缘关系。人们除了对家族的归属情感外，还有对自己周围地域的群体有着很强的认同和归属，因而在灾难来临时会产生来自本能的救助。

晋商对地方广泛的赈济行为，使他们在乡民眼中不再是为富不仁的好利之徒，也使他们获得了乐善好施的美名，赢得了乡民的感戴。谷川道雄也认为，灾荒时的救济行为，可以在乡民中产生强烈的谢恩之心，从而使救济者和被救济者形成精神的结合，并在非常时期产生巨大的效力。

这样的赈济行为，是晋商参与地方公共事务的绝好机会。正是通过对地方赈济的参与和支持，晋商不仅在乡民中为自己赢得了极高的声望，往往还能得到政府的奖励，使他们在赈济中实现了跻身地方权势的愿望，进而提高了自己的威望和地位，这也极大地方便了其商业活动。

## 三、公共建设 造福桑梓

地方公共建设，是指涉及人们日常生活的桥梁、道路、河堤、庙宇等公共建筑建设。在这些公共建设中，一般是地方政府在发挥作用，或是由于地方财力不济而处于无为状态。因此，有重大的地方公共工程时，地方政府都

桑梓敬止牌匾



会把目光投向地方富绅，希望借助于他们的捐助使工程得以进行。每当此时，“父母官”总是要召见地方富绅，听听他们对工程的意见。晋商们总是慷慨大度地捐资出力，他们常会被委以督修工程的重任，以保证工程的顺利完成。

在晋中公共建设中，晋商或是出钱，或是出力，甚至兼而有之，担当着非常重要的角色。

山西蒲州的富商家族王家，在家乡做了许多惠及百姓之举。十七世王如琨嘉庆年间从京返乡路过平定时，正好赶上“东天门石路”修筑。他见工程艰巨，便慷慨解囊，捐银 1 000 两。当地官吏把此事禀报皇帝后，龙颜欢悦，遂赐“好善乐施”四字。此外，据碑刻记载，灵石王家还在村前小河上修了 4 座桥，200 余年沿用至今，极大地方便了村民的生活，受到村民的赞许。俗话说，路桥相连。王家在静升一带还修了 3 条路，其中最长的一条修建于乾隆年间，从本村一直通往晋东南一带。同时，王家还在路旁修建了客店，备有皮袄多件以便夜间路人投宿。

道光三十年（1850 年）至咸丰六年（1860 年），平遥县决定实行筑城开渠的工程，造福地方。晋商予以了大力支持。据相关资料记载，平遥城里协庆义、新泰厚、万盛和、大兴厚、蔚盛长、日新中、恒长盛、福泰永、蔚泰厚、万长和、义兴永、增庆公、永王庆、王福义、光泰永、蔚丰厚、天成亨、聚发源、福美成、恒兴昌、日升昌、恒玉庆、世隆福、隆盛长 24 家商号共同出资，商家捐资最多的是日升昌财东李大箴和李大元，分别是 5 600 两和 4 000 两。其他众多商号也踊跃捐资，数目巨大。光绪到民国年间，平遥城墙修缮，北面一直由武日中家负责，东南由赵德溥家负责，西北由宋梦槐家负责。他们三家都是平遥有名的富商，在修筑城墙中既出钱资助，还负责监督修筑。

民国《翼城县志》记载："清翼城商人张捷三，办理村事主张公道，出私款补修南头坡路"，"光绪丁丑大旱，后村寄放死亡未葬尸骨二十多具……公察系绝门乏后，乃自备棺椁衣衾为之，拾骨择地……葬之"。

民国《重修安泽县志》中记载："北关乔廷楹经商关中，公性慷慨好善，凡里中婚嫁丧葬无力者，无不罄囊相助，至修桥补路尤其小焉者耳。如北平关帝庙南北观音堂重修募化，公之力为多。"

灵石《邑侯陶公督修护城河堤碑》中同样记载了灵石修护城河堤时，"分派四路，劝募于殷实之户。仁教所感，靡不乐输"。碑中所记"殷实之户"，商人应该是主体。商人踊跃捐资，护城河堤修成，给本地民众带来了福音："行见长堤如带，永缔千秋。水即暴涨，无复泛溢之虞。城资保障，共乐金汤之固……贫民沾恩无穷。"

每一个地方官到任，总要先拜访当地的显赫商家，以获得他们的支持和帮助。尤其是每遇地方赈济、修城、造桥、修殿宇等事，地方执事者总是先行召集地方商绅，商讨办法，落实款项来源，对他们仰仗有加。事实上，这种捐资也有一种无可奈何，因为商家深知，出资至少可以免去许多麻烦。

相比于政府工程，商人对其所在村里的修渠灌溉之事则乐于承担，许多人主动出资，以成其事。如祁县乔家在中堂乔景俨主持并出资修永河渠，灌溉田地千余亩；乔超五捐金 3 000，修治清河。祁县北梁村人李顺廷，曾出资 4 万银元，从南山山麓填沟修渠，引水源入村，使丘陵旱地变为可灌溉水地，并惠及北团泊村。徐沟商人张联辉开金水、嵣峪、洞涡诸渠，使城东南旱田

博施济众匾

成为沃野水田，并督修通济桥，提议修水流孔道，终于使屡修屡坏的通济桥得以建成。刘崇先就职于蔚长厚票号，晚年不顾年老体衰，家境困难，毅然主持了西河凿通，灌溉良田万亩。祁县孙家河富商孙淑伦在其村中挖掘了两眼百米深的水井，解决了村民的吃水问题。总之，商人兴修水利，对提高生产、发展地方经济有一定作用。

不管动机如何，晋商修桥铺路之举，客观上便利了行旅往来，造福于地方民众。正是："桥便人行阴德厚，路通商贾颂声弘。"

晋商对地方公共事务的参与，在救助和便利乡民的同时，也极大地提高了自身的社会地位和影响，地方政府往往对他们依赖有加。不仅如此，商人在地方中的特殊地位，使得他们常常被乡民推为首领，处理地方事务。商人对地方公益事业的种种贡献中，产生的不仅仅是地方政府对他们的敬重和依赖，还有乡民对他们的感激和信任。

这种客观效果也许正是晋商热心公益的一个重要动机。这或许可以从心理学的角度作出一些解释。心理学研究证明，人的特定行为是受到各种复杂因素的影响的，其中包括经济状况、文化氛围、各种需要等，而人的需要具有多样性和层次性的特点。美国学者马斯洛将人的需要分为五个层次，即生理需要、安全需要、社交需要、尊重的需要、自我实现的需要。生理需要是人最基本的需要，在满足了生理需要之后，必然会产生其他需要。自我实现是最高层次的需要。当低一级的需要被满足后，才会产生更高一级的需要。

我们知道在封建社会，商人位于四民之末，其社会地位是很低的。虽然商人衣食无忧，普遍受人羡慕，但依然受到正统士人的另眼看待，而参与资助公共事业，就是一个提高地位声望的绝好机会。通过参与公共事业，他们可以获得官方的奖励，得到一定的权威，实现跻身官场、结交权贵的愿望，可相应满足社交需要、尊重需要，从而达到自我实现的需要。如果他们漠视公共利益，就会受到官方的轻视甚至责难，会受到“为富不仁”的指责，在社交中就会被人轻视，得不到应有的尊重，一切自我实现的需要就无从谈起。

此外，晋商不仅在家乡的公益事业中投入极大精力和热情，而且随着他们经商足迹所至，将这种乐善好施的美德传播到了经商之地。尽管在那些地方，商人本无寸土之责，但人们常常可以看到，对于修桥、修路、筑堤、救灾、赈荒等公益活动，晋商都慷慨解囊，而且还出谋划策甚至参与了具体的实施活动。这样的例子在方志和族谱中不胜枚举，晋商的这些活动可以说也深刻地影响了经商地的民风民俗。此外，他们还捐资建殡房、置义冢、收葬无主尸骨，开设药局以治疗疾病等等，可以说晋商开创了我国近代慈善事业之先河。

晋商的种种质行义举，尽管在一定程度上耗费了钱财，但却赢来了颂声，提高了知名度，树立了企业或商人的正面形象，使自己得到社会的认可，从而间接地为自己创造了巨大的经济效益。因此，晋商积极参与公共事业，不仅仅是来源于桑梓之情，还有满足自身需要这一心理需求使然。但无论动机如何，晋商在公益事业上的各种作为，在客观上都对地方社会公益事业有着积极的推进作用。

# 第三节 借助贵人 晋商与政府

在封建社会，官府的势力以及朝廷政策的实施，对商人有着很大的影响力。在官府或显赫权贵的帮助下，一个人可以成为大富豪，也可以因为皇帝或朝廷大官的一句话而一落千丈，甚至倾家荡产。晋商的发端、崛起乃至兴盛与封建官府有着千丝万缕的联系，这种联系可谓普遍而深入，这是晋商历时500年经营活动的一个鲜明特点。与官府的结合也是晋商获取商业信息的重要渠道和方式，本节就晋商与官府的关系及其影响进行一些探讨。

关键词：官商一体

## 一、官商一体 影响政策

许多晋商家族为官商一体的大家族，直接影响着政府政策的制定。晋商深知，政治势力对于商人来说非常重要。一些商人埋头经商，认为商人不应该涉足政界，这诚然有一定的道理，但是政府制定和实施的政策对商人的经营活动有着很大影响，因此商人不能不关心政治，因为政治要“关心”商人。有时，商人还应该积极做出行动，促成一项政策的制定和实施。这样才能为自己的发展创造更多的机会，也才能在残酷的商业战争中保持主动性。明朝中叶，晋商推动明政府与蒙古统治者议和开设马市，就是一个典型的例子。出身晋商家族的王崇古和张四维为促进蒙汉通商作出了杰出的贡献，并且该政策的实施也为两大家族带来了巨大的商业利益。

王崇古，字学甫，号鉴川，山西蒲州人，明代中后期著名将领。嘉庆二十年（1815年）王崇古考中进士，初任刑部主事、郎中，后外放为地方官，相继担任安庆、汝宁二府知府，不久迁常镇兵备副使。适逢倭寇猖獗，东南沿海人民的生命财产不断地遭受损失，而一些明朝军队又腐败软弱无力抵抗，致使倭寇在江苏、浙江、福建一带四处抢掠，无恶不作。王崇古率领常镇军民奋起抗击来犯之敌，将侵扰常镇的倭寇追击至靖江歼灭。之后他又同抗倭

清朝官员

名将俞大猷一道逐倭出海，为嘉靖年间中国人民抗击倭寇的反侵略斗争立下了功绩。

王崇古自幼熟知兵法，喜谈兵，又由于抗倭有功，遂升任陕西按察使，河南右布政使。当时明朝的外患，除了东南沿海的倭寇外，盘踞塞北草原的蒙古诸部也是明廷一大劲敌，时称为“南倭北虏”。隆庆初年，王崇古以功升右副都御史，不久又以兵部右侍郎兼右佥都御史，总督陕西、延绥、宁夏、甘肃四镇军务。此时，吉囊子吉能据河套为蒙古诸部酋长，不时地进犯上述四镇。王崇古奏明皇帝，发给四镇旗牌，抚臣得以军法督战，基本上摧垮了占据河套地区的蒙古诸部的主力。王崇古“在陕七年，先后获首功甚多”。经过王崇古的苦心经营，西北边陲暂时获安。但活动在河套以东，宣府、大同边塞一带的蒙古俺答部此时又强盛起来，对明王朝的北部边塞尤其是京师重地构成重大威胁。俺答还招纳以汉人赵全等人为首的亡命徒数万人，日夜操兵练武，治城郭宫殿，自立为王，并且自嘉靖二十年（1541 年）起，扰犯边境长达30余年之久。明廷虽对俺答许以高官厚爵，但仍不能制止他的侵扰，闹得明朝统治者坐卧不安，边臣因失事获罪者很多。而且宣大之患在京师附近，属心腹之患，比陕西四镇的边患更让统治者伤脑筋。明廷也曾以高官重金悬赏捉拿赵全，但没有奏效。边兵守将为了敷衍塞责，常贿敌求和，甚至杀边民来冒功请赏，致使敌骑肆无忌惮更加猖獗。隆庆四年（1570年）正月，明廷只得再度调王崇古总督宣府、大同、山西三镇军务，令其担当起守护京畿的重任。王崇古走马上任后，首先大胆改革以往不合理的边防措施，对内严整军纪，严禁边兵出入边境泄露军机，对外则派出大批熟悉蒙古情况的人去刺探敌情，并采取分化瓦解、招降安抚的政治攻势，取得了显著成效。更为重要的是，王崇古在宣大总督任内，还不失时机地促成了明朝与俺答的“封贡互市”。

蒙古地区是单一的游牧区，非常需要中原的粮食、绸布、药材、茶叶等商品。但是，当时蒙古势力与明政府处于敌对状态，明政府对蒙古采取防范态度，限制中原的商品流入蒙古境内。反过来，蒙古所产的牛羊及畜产品也难以流入中原。明政府与蒙古的贸易量是非常小的，并且都是朝贡式的贸易，远远不能满足双方各自的需要。因此才会引发了蒙古经常性的南下骚扰，政府为此而屯兵九边，耗费了大量的物资和人力，给明朝政府形成了巨大的军事和经济压力。

隆庆五年（1571年）二月，王崇古上《确议封贡事宜疏》，提出了处理分工、互市的八项具体建议，反复阐述了发展边境贸易与安定边防相辅相成的辩证关系。这一建议引起朝廷内部的争议，受到一些保守大臣的非议，他们以敌情叵测、先帝明禁互市为由极力反对。据《明史》载：“贡市之议崇古独成之。”这说明，王崇古是议和的主要推动者。同时，王崇古的外甥——吏部尚书张四维，也是议和的积极推动者。王崇古又与张居正进行密切的联络。这样，王崇古、张四维关于议和的主张，就得到身居中央要职的高拱、张居正的鼎力支持。

这年三月，明蒙封贡互市的协议正式达成。俺答缚赵全等10余人以献，明廷封俺答为“顺义王”，其余蒙古诸首领，也被封都督同知、指挥同知、正副千户、百户等职。明廷准许蒙古各部族入贡互市。即每年一次在大同、宣府、偏关三镇的长城以外开设马市。后来又发展到在陕西、宁夏二镇也开马市，每月一次长城的各关口也开设小市场。这一过程，史称“俺答封贡”。此后，王崇古广招商贩，听命贸易。很快便使布帛、菽粟、皮革自江淮湖广集聚塞下，出现一片贸易兴旺的繁荣景象。经济的发展带来了政治和军事的稳定。自此“边境休息，东起延永，西抵嘉峪七镇，数千里军民乐业，不用兵革，岁省费什七”。王崇古一生身历 7 镇，勋著边陲。尤其是封贡一事，促成了汉蒙人民明后期长时期的和平互市的友好关系。他的所作所为主观上固然是为维护封建统治服务的，但客观上对安定边地人民的生活，节省政府军队开支，发展汉蒙两族人民的经济生产，保卫国家统一和促进民族友好确实起到了较大作用，应予充分肯定。

王崇古、张四维等在议和、开马市的事情上发挥了重要作用。他们两人有着怎样的家世背景呢？实际上，他们都出身山西商人家族。王崇古之父王瑶、伯父王现、长兄王崇义、从弟王崇勋、舅父沈廷珍、姐夫沈江也都是著名的商人。明初，王崇古家从汾阳迁到蒲州，祖父王馨是邓州学正。到了父亲王瑶这代开始从商，在祖父的任地“邓州、湖北襄阳、陕西之间开展贸易，资产日渐丰富”，

山西灵石王家大院模型图

是经营杂货之类，从事“张掖、酒泉之间”贸易的商贾。蓄积大量资本后，又帮助输送军粮。“还把盐卖到淮、浙、苏、湖之间，往复数年，资本丰厚”。王瑶的兄王现即王崇古的伯父也是商人。王崇古兄弟姐妹 8 人，男 3 人，女 5 人。长兄王崇义按父命成为盐商。次兄王崇祖早逝。老三即王崇古。姐妹当中，长姐嫁给侨居蒲州的沈氏家。沈氏也同样是商人之家。

王家第一代成功的商人为王现、王瑶兄弟。王现本来也是读书的，但未成功，遂经商。他曾经向西至洮陇、逾张掖、敦煌，到玉塞、金城。由此转而入巴蜀，沿长江下吴越，又涉汾晋，践泾原，过九河，翱翔长芦盐场之城，最后客死郑家口。他经商四十余年，足迹半天下。而且“善心计，识重轻，能时低昂，以故饶裕，与人交信义秋霜，能析利于毫毛，故乐取其资斧，又善审势伸缩”。王瑶在明弘治年间时就“贸易邓、裕、襄、陕间”，而且“资益丰”。正德年间又行货甘肃张掖、酒泉间，复货盐淮、浙、苏、湖间，往返数年，资乃复丰。当时人对他的评价是：蒲善士，为养而商也，生财而有道，行货而敦义，转输积而手不离简册。经商还读书。张、王两家的第一代人都是经过艰苦奋斗，诚实经商而获得成功的。但他们的第二代人成为大盐商，就靠了背后的坚实的政治后台的支持。张、王两家的姻亲也都是名震一时的富商达贵。

《条麓堂集》卷 28 载，王崇古舅沈廷珍“以家务服贾……故南帆扬越，西历关陇”，由于善于经商而致富。沈廷珍长子沈江即王崇古长姐之夫，也是商人。王崇古的二姐嫁给了张允龄，也就是张四维的母亲。

王家和张家这样的大商主要从事于蒙古的贸易，他们通过朝中的亲戚，影响朝中政策的制定，最终达到了议和开市的理想结果，这也极大地便利了他们的商业活动，为其创造了巨额的商业利益。

## 二、支持政府　谋求特权

政府的政治、军事活动得到商人在财力上的支持，在历史上是很常见的，明清晋商在支持政府的政治、军事活动中发挥着重要的作用。明清政府常常需要引入商人来完成某些项目，而商人为了获得垄断特权，也常常依靠政府政策。官商、皇商现象实际上也是政府与商人之间相互利用的典型例子。清王朝对边境用兵，在粮草“多不能继，公私苦之”的情况下，皇商范氏“不劳官吏，不扰闾阎，克期必至，省国费以亿万计，将帅上其功”。在康雍乾三朝，范氏家族为清王朝大量输送军粮计百万余石，并出私财支援军饷，为清政府节省费用600余万两。范氏家族开的兴隆魁商号，也因此在对蒙贸易中获取巨大利益，成为仅次于大盛魁的商号。而范氏也成为赫赫一时的官商和皇商。

明清政府的许多边疆政策都得到了晋商的大力支持。左宗棠西征，在清政府无款无饷的困境下，得到山西票商的大力资助，筹到了战备物资与军饷，从而取得了西征大捷。当然，晋商为此也换取了许多利益保障，克服和分散了许多商业风险。“数年以来，归化城商人糊口裕如，家资殷富，全赖军营贸易生理”。每逢战时，“米价加昂，各物亦贵，凡有田地及贸易之人获利甚厚”。

晋商还常常利用同官府的密切关系，代理政府购买物资。乾隆二十四年（1759年），亲王桑斋多尔济就曾秘密动员商人“支官银购买仍不露官办形迹，已交易后，派员送张家口……”使政府与商人两相得利。皇商范氏获得专利采办洋铜期间，将中国丝绸、瓷器、药材、书籍等贩往日本，购回洋铜，既解决了政府铜源告匮之急，又使自己获得丰厚利润。范氏皇商虽于乾隆四十八年（1783年）破产而被查封，但其家族历经顺康雍乾四朝，兴盛长达上百年，大大长于一般商人家族鼎盛的生命周期，其实力更是其他商人家族无法抗衡的。据统计，范氏一度持长芦盐引10 718道，“所有盐业查明后估银百余万两”。在破产之前，范氏除原籍介休的财产之外，在直隶、河南二十州县都设有盐店。在天津沧州有囤积盐的仓库，在苏州有管理赴日船艘的船局，在北京有商店3座，在张家口有商店6座，在归化有商店4座，在河南彰德府水冶镇有当铺6座，在张家口置地106顷，分布各地的房产近1 000间。

捐输在清代很多，当然其中有摊派成分。但无论如何，这种捐输对于缓解清政府的财政紧张，维持其统治起到了“输氧”作用。清政府捐输的名堂很多，数量也很大，因为山西商人富名在外，所以山西是全国捐输最多的一个省。如乾隆二十四年（1759年），伊犁屯田，山西盐商等捐输银20万两，以备屯饷；

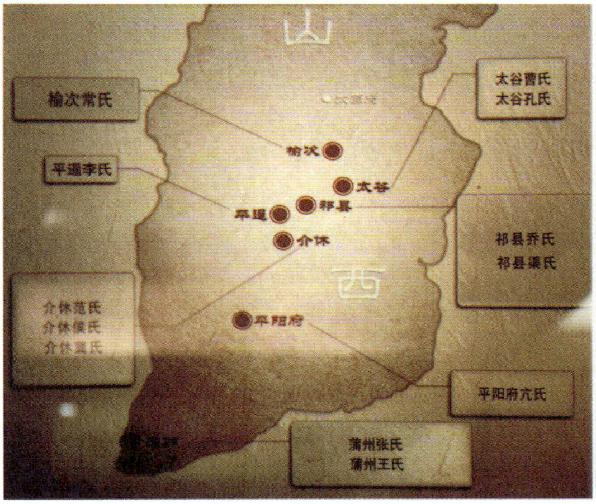


◇ 山西著名商业家族分布示意图。

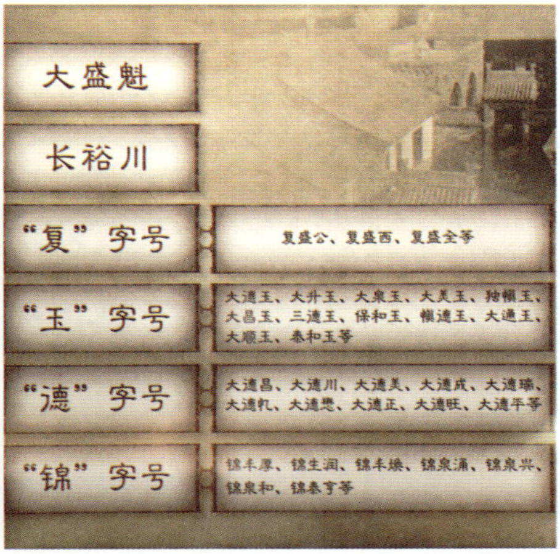


◇ 晋商著名商号及商业集团一览

乾隆三十八年（1773 年）金川用兵，太原等府州捐输运本银 110 万两；乾隆五十七年（1792 年）后藏用兵，山西盐商等捐输银 50 万两；嘉庆年间川楚用兵，山西盐商等捐输银 100 万两。嘉庆五年（1800 年）山西捐输银一百四五十万两。《清仁宗实录》卷 11 载，嘉庆时，“晋省摊捐款项繁多……统计每年摊捐银八万二千多两”。咸丰初，管理户部事务祁隽藻上奏称：“自咸丰二年二月起，截止三年正月止，绅商士民捐输银数，则山西、陕西、四川三省最多。山西共计捐银一百五十九万九千三百余两。”（《军机处录副》祁隽藻奏折）山西商民捐银占全国捐银的 37%，为全国捐输之首。同治三年（1864 年），又因新疆用兵，筹饷银，解运难，山陕商人又在新疆地方兑充大量军饷。清人徐继畬说：“晋省前后捐输五六次，数逾千万。”（《松龛全集》文集卷 3）

给政府垫借款，这是晋商缓解当局财政困难的又一方面。大体上从同治开始，各省及税关应解京协饷，往往因款项不备，常由山西票号借支垫汇。如粤海关同治三年（1864 年）—四年（1865 年）上解京饷不备，在这两年中，分别由山西票号垫借总额的 18% 和 27%。同治五年（1866 年），广东省财政拮据，由山西票号借垫汇解京饷 15 万两，占该省应汇解京饷的 21%。光绪二十年（1894 年），清户部因财政拮据，分别向京都、汉口、广东的山西票号借银 124 万两。庚子事变，慈禧太后挟光绪帝逃出北京，在外逃期间，开支费用一时没有着落，相当困难，又由山西票号借给清廷银 40 万两，帮助清廷渡过了难关。

此外，生息银两是政府依靠商人解决财政困难的又一方式。所谓生息银两，是指政府将公款交给商人而获取利息，到一定时候再收回本金的一种放贷行为。晋商是清政府交存生息银两的主要对象。如乾隆二十一年( 1756 年 )，山西当局将司库存闲款银 8 万两，交商以 1 分生息，五六年后，除归新旧帑本外，可存息本银 7 万余两. 每年生息 8 600 余两，足敷通省惠兵之用。

## 三、结托官吏　把握商机

晋商在交结政府官吏方面颇有独到之处，其手段一般有以下三种。

一是帮助穷儒寒士入都应试，直到走马上任；或通过家族内部分工，支持其子弟跻身仕途。山西票号产生之后，陈其田在《山西票庄考略》中记载："各省士（试）子入都应试，沿途川资，概由票庄汇兑。川资不足，可向票号借款。对于有衔无职的官员，如果有相当希望，靠得住的人，票号也喜欢垫款，替他运动差事……寒儒穷士感激票庄济急，一旦发达，则公私款项必皆存于票庄。"据《山西票号资料集 · 书简篇》的资料，蔚泰厚票号在致苏州分号的信中称："所有李北春兄等之功名，均已递捐，伊用过咱平足银一百四十七两零八分。黄伟、司霭云二位各用银一百四十五两零八分。周学浩、郑锡周二位各用银一百一十八两四钱。"

操奇进步利权雄大陆
顺应新机商战胜全球

晋商不仅通过为穷儒寒士垫付银两获取功名的办法事先结交官吏，而且还常常在家族内部进行官商分工。明代大同府天城卫薛家，三兄弟分别务农、做官和经商，各尽其业。其中薛纶为隆庆二年（ 1568 年 ）进士，任陕西按察司副使。他曾感叹道："我有幸继承先辈之产业，兄耕弟贾，助我求学，才有今日之位，我愿已足矣！”盐商王文显之父在其子王珂中举时高兴地说：“兄商而利，弟士而名，乃吾今何憾矣。”明代蒲州张、王两家族中均有商有官。张四维曾官至吏部尚书，其弟张四教等人为大商人。王崇古官至兵部尚书兼宣大总督，其兄王崇义、父王瑶、伯父王现等均为大盐商。张、王之间不仅有亲戚关系，而且还同当时的大商人家族范氏（范世逵后代）、沈氏（沈廷珍后代）联姻，进一步加强了官商之间的联系。

不仅如此，许多商人家族在追求财富的同时训导子孙读书入仕，许多盐商子弟为此登科入仕。清代王定安编纂的《两淮盐法志》卷45中记载：“李承式，字敬甫。其先山西大同人，中盐于扬州，承式登嘉靖三十五年进士……子植，字汝培，万历五年进士……子孙以商籍起家。”据《两淮盐法志》记载，襄陵籍高帮佐官为参政，万历进士，其父业盐。洪洞籍杨义官至工部尚书，崇祯进士，其父为盐商。襄陵籍李时谦为陕西盐粮道，顺治进士，其父业盐。霍州籍周兆兰为知宁都州，乾隆时举于乡，其父业盐等。

二是代办捐纳和印结，输银加封，购得虚衔。早在明代，许多富商大贾就通过捐输银两而获取职衔。蒲州大盐商张四教和其叔父张遐龄就是通过捐纳而获得了龙虎卫佥事和太医院吏目之职。时至清代中后期政府为筹措经费，大开捐纳，按虚实官衔等级定价，输银加封。即所谓“文官可至道台，武职可待为游击、京堂二品，鬻实官并卖虚衔，加花翎而宽封典”。山西票号的财东和其主要经理人员都捐纳银两，买有各级职衔，可谓人人风光，个个堂皇。已捐虚衔者，为了取得实职，还要靠票号为其打听消息，如某地官位有缺，如何运动，打通关节。已放实官者，为了取得更高一级的职务，亦请票号代办“印结”。所谓印结，就是一种签有印鉴的证明文书。票号上结尚书、郎中，下交门房、库兵，手续娴熟，能够办通捐纳。票号平时自亲兵至郎中，分别等级行贿，逢年过节必赠款送礼，腊月二十到除夕，每日两三辆轿车专门拉包送礼，自管事至老妈子，都有名单，按名赠送。对王公大臣，均在“相公”处殷情接待。所谓相公地方，乃是布置精致、雅静，招待周到之处。因为王公大臣绝对不到妓馆等下流交际场所，这些地方高位者不敢涉足，所以就有了“相公”地方。当由票号打通关节取得实职后，这些人自然感激票号，于是个人存款、贿赂横财尽存票号，公款业务也照顾票号。

票号对这些人的存款也代守秘密，一旦遇到查抄处分，票号均予保护，或转汇原籍支取。这样，官僚在票号的支持下，得到高官厚禄，票号则在官僚的庇护下得到了存款汇兑公私款项便利，扩大营运资本，并得到了官僚的政治保护。由于社会地位的不平等，商人们不仅通过支持其子弟入仕做官，自捐官衔以满足自身的社会效用，达到光宗耀祖、风光门庭之目的，他们甚至还通过“报效”、“进贡”朝廷的方式赢得皇帝和官员们的嘉许和认同。

三是通过各种方式“行媚权贵”，加强与达官贵人的私人交谊。明代蒲州出身的许多商人如王海峰、韩玻、徐昂等都同张四维等官僚有密切联系。清季山西票号同官僚们的私交甚笃：大德通票号与曾任山西、四川巡抚的赵尔丰，九门提督马玉琨，山西巡抚岑春煊、丁宝铨等人往来密切；蔚泰厚票号与江苏地方官吏王锡九等人“交结甚厚”；合盛元票号汉口经理史锦刚是两湖总督瑞征的干儿子，总督府差役称史为“三少”，不敢直呼其名；百川通、协

同庆同张之洞关系较为密切；蔚盛长交好庆亲王；三晋源交好岑春煊。袁世凯为了巴结北洋大臣李鸿章，是在三晋源票号经理的精心安排下，使得袁世凯在票号账房得以拜见李鸿章。同治年间，左宗棠收降董福祥，对董的军饷调拨需要有人办理，遂与蔚丰厚票号商议，由蔚丰厚派人在迪化设立分号，经汇和收存董祥福的军饷。日升昌则交结历任粤海关监督、庆亲王、伦贝子、振贝子和赵舒翘等达官贵人。陈其田在《山西票庄考略》中记载：“票庄与官僚私下的交结，更多趣闻……在京的几个大的票庄，拉拢王公大臣，在外省的码头，不啻为督抚的司库。”

此外，官吏在其任职期间也离不开商人的帮助。明清时期，新任命的外放官吏在上任之前，打点上司、上任盘费、修建公馆、使用下人等大量用款项目常常需要商人为其垫付。而官员一旦上任，对于商人们扩展业务则极为便利。张之洞出任两广总督时，就曾得到山西票号协同庆的大力支助，而协同庆也因此得以在两广设立分庄，扩展了业务。张之洞还把两广财粮国税交协同庆解交，协同庆仅此一项在三四年间便赢利白银百万两。蔚泰厚票号也因在财力上资助江苏地方官吏而设庄苏州，并很快取得了其他地方票号没能取得的利益。此外，按照清律规定，官吏不准在原籍任职，任职必在原籍行省五百里以外。这样，清代后期大部分官吏都同办理汇兑业务的票号发生了联系。许多官吏还将贪污搜刮之赃款低息或无息存入票号，票号借此赚取了许多利润，而官吏们的赃款也得到了保密和保障。安徽芜湖道童瑶圃在卸任还乡时，就将搜刮来的 10 万两赃银交蔚丰厚票号汇回重庆，每年支取 1 万两，10 年支完，而不付利息。由于官场变幻莫测，为官做宦难免有所闪失而被处分或革职，但官员们常常利用商人的财力支持进行活动，抵消处分或者开复原职。即便官员犯事也因票号与政治集团高层官吏关系密切而得到庇护，使其存入票号的款项安然无恙。通过同商人的结合，官吏不仅可以降低政治风险，而且还可从中牟利。正是基于双方有着共同的利益使他们都有遵守双方秘密的不言自明的“君子协定”。

可见，票号与高级官吏形成了朋比为奸，互为利用的关系。

## 四、投之以桃　报之以李

晋商在财力上、物力上支持政府的政治、军事活动，又千方百计结交官吏，也就收到了“投之以桃，报之以李”的效果。首先是获取官衔，尽管大多是虚衔，但满足了商人抬高社会地位和名誉的思想。如山西介休富商范氏，由于其对政府的大力支持获得了皇商的特殊地位，而且家族中很多人出任官职。据统计，范氏毓字辈和清字辈有 20 人出任官职。如范永斗、范三拔等也被追赠为骠骑将军、资政大夫、奉直大夫、儒林郎等衔，其妻均受封为“夫人”、“宜人”。山西商人因捐输等各种支持政府活动也被授予官衔。如日升昌财东李箴视被授予议叙知府衔，介休县谦盛亨票号财东冀以和议叙知府衔并加一级，蔚泰厚经理毛鸿翙赏给守御所千总衔。明代蒲州人展玉泉经商山东，因多次捐输

山西平遥协同庆票号成立于咸丰六年（1856 年）。总庄设在山西平遥城内，分庄遍及全国 33 个城镇，重点是西北和西南地区，1914 年歇业。

百金，而出任归德府商丘驿丞。代州人杨继美也因经营两淮盐业而出任祭酒（从四品）之职。蒲州商人韩某，通过向边仓交纳粮食，而受封为义官。平阳府襄阳县高瓒也因经商“有功”而出任指挥同知官。其次是承揽了大量代清朝政府浮存和汇解饷银的业务。如平遥协同庆票号北京分号张治达，在京善于酬酢，一次见有旗人穆氏面有忧色，从二人闲谈中得知穆要活动福建省将军一职，短缺活动银6万两。张答应穆氏由协同庆借支。穆氏非常高兴。不日，穆氏果然被任命为福建将军。穆到任后即向当地官员宣称：“平遥协同庆资本雄厚，信用昭著，以后公私款项尽存该号。”穆又提出要拨50万银两交张治达，请他独立办票号。张氏不愿背离协同庆，便劝穆氏把50万两白银浮存协同庆。穆氏出于感恩之心，遂全部存入协同庆。协同庆在穆氏身上完全收到了“投之以桃，报之以李”的效果。山西票号承揽汇解京协饷数额很大，如同治六年（1872年）汇解银455万两，同治十一年（1872年）汇解银301万两，光绪三年（1877年）汇解银292万两，光绪十七年（1891年）汇解银533万两，光绪三十二年（1906年）汇解银2 256万两，宣统三年（1911年）汇解银533万两。山西票号汇解公款动辄数百万两到两千多万两，从而使山西票号获得了巨大利润。

此外，明代晋商通过其朝中的代言人，对政府边界政策的制定曾产生过很大影响。“隆庆议和”与开马市对蒙贸易实际上就是在他们的直接推动下完成的。明史记载：“俺答封贡议起，朝右持不决。四维为交关于拱，款事遂成。”“始，逢时与崇古共决大计，而贡市之议崇古独成之。”可见他们对明代盐制也产生过一定的影响。常赞春在《山西献征》卷8中记载：“山西忻州商人程化鹏于咸丰初贩运杂货，取道蒙古抵西伯利亚转售俄商，利益倍蓰。他曾上书理藩院，请准放松信票限制，准令商民贩运茶叶与俄商直接贸易，为清政府获准。”“由是茶商踵起，遂为晋商辟一利源，且茶销额数亦岁增。”晋商势力大增。票号汇兑官款业务长期为清廷所禁止，经历了数次禁弛反复，终因山西票商在庚子战争中捐助慈禧，为外逃官员效劳，博得宫廷内外的好评，从而使这一业务完全合法化。可见通过结托官员，晋商获得了巨大的发展机会，赢得了超额利润。

## 五、甘当附庸　缺乏独立

在封建社会，商人作为四民之末，其社会地位是很低的，为了促进其商业发展保护自身财产，商人必须寻求政府的庇护，因此晋商与政府的密切合作存在着复杂的原因。

清朝学者黄宗羲在《明夷待访录·财计三》中说：“世儒不察，以工商为末，妄议抑之，夫工固圣王之所欲来，商又使其愿出于途者，盖皆本也。”尽管商业是一个社会不可缺少的独立部门，但在我国古代，“士农工商”的社会序列使商人始终无法取得与其他阶层平等的社会地位，它常常作为“末业”为社会上层所抑制。“商人不仅因为他们的寄生本性遭到蔑视，而且因为他们威胁到既存的政治权威和支撑该权威的价值体系而被猜疑。”无论是中国、埃及、巴比伦、罗马、希腊还是中世纪的欧洲，都存在着鄙视商人并限制商人的司法和政治权利的历史记载，中国尤为突出。在传统社会，由于“商人的定义几乎就是说引起了社会的不安”，封建国家和政府总是试图通过禁榷、专卖、官工等制度将商业部门纳入宗法专制政体进行管理。发源于宋兴盛于明的边疆互市贸易，明代前期所执行的“开中”采办制度，以及清廷所控制的“十三行”贸易，均为政府特定政策或军事行动的直接产物。晋商在很大程度上是借助封建政府对边境用兵或其他政策而迅速崛起的。商人对封建政府存在着先天的依附性。

明清时期，随着商品经济的发展，作为流通经济支配者的商人角色已为社会所必需。政府为了维护自身的统治，需要商人予以配合。而商人在无法取得法人地位的情况下，也必须获取一定的政治权利来进行垄断经营。在很多时候，官僚依靠商人的财力支持而诞生；商人凭恃官僚的权力去不断追求财富，并通过“官商”、“皇商”的形态实现两者的一体化。作为官商不仅可以经营国家所控制的特殊产品，而且可以惠及宗族、亲戚，从商业活动中获取高额利润。封建国家和政府正是通过一个“人情化”的市场，通过“官商”、“皇商”方式将商人直接纳入官僚体系。许多晋商因受封为皇商、官商而“赀益大起”，甚至获取功名，出任中央或地方官吏。他们上通朝廷、下连市廛，

大清银行第一次官商合影



成为半官半商的豪门商人。最为典型的是清代介休范氏家族。清朝陆文的《介休县志》卷 9 记载："范氏先祖范永斗是明末贸易张家口的八大商人之一。清军入关后，顺治帝知永斗名，即召见，将授以官。以未谙民社，力辞。诏赐张家口房地，隶内府籍，仍互市塞上。"其孙范毓馪兄弟五人始终同清廷保持密切联系，在清王朝边疆用兵中，因承运粮饷而立下功绩，受封为"皇商"。

明清晋商之所以同官府紧密联系是由于其无法取得正常的法人地位。法人地位的核心在于法人财产权的取得，即行为人对自己的财产拥有独立的占有、支配、使用、转让等权利。

在我国古代，商业始终作为国家的行政部门为各级官吏所控制，商人自身则是宗族、家族血缘关系网络中不可缺少的一环。尽管商品经济不断发展，商人的社会角色日益突出，但它对政权的依附性却有增无减，始终作为宗法专制制度的基础而存在。虽然我国早在先秦时期就确立了土地等财产的私人占有权，但由于在封建社会，"溥天之下，莫非王土；率土之滨，莫非王臣"，劳动人民都是封建国家的子民。"天子者，天下之父母也"，"臣之于君也……若子之事父"。皇帝即国家、即政府（各级官吏只是其代理人），皇帝作为"中华大家庭”之家长，具有绝对的权威。在人的方面，“视天下人民为人君囊中之私物”。

晋商在经商活动中从来就没有得到国家法律的认可而享有同其他社会阶级同等的地位。山西票号从 19 世纪 20 年代诞生起，直到 1910 年前后一直就没能在政府部门注册备案，其权利义务也没有任何法律保障。同政府和官吏相比，商人是处于社会下层的一个弱小群体。我国传统的法律不可谓不详备，但却始终是以刑法、行政法来代替民法和商法，缺少必要的对经济责任的明确界定，交易主体之间的关系从来就没有得到过很好调整。斯韦托扎尔·平乔维奇在其《产权经济学——一种关于比较体制的理论》一书中写道：“在一个政治支配经济的社会中，衡量经济效率的标准在于，经济制度结构在多大程度上保证了政治权力无限的统治地位。” 总之，商业作为一个独立的经济部门，有其自身的发展规律和运行机制，商人作为商品交换的主体应当具有起码的人格。但在传统伦理道德约束之下，在小农经济占支配地位的社会中，商人很难获得独立人格和合法地位。更何况，弱小的个人是无法对抗强大的国家强制力的，最终结果是个人对国家规章的冷漠和顺从，而不管这些规章是多么不堪忍受。这使得他们在长期的经营实践中逐渐养成了“是官当敬，凡长宜尊”的卑微性格。因此，无法取得法人地位是晋商结托封建政府和各级官吏的基本原因。



## 六、官商结合　垄断经营

明万历时，耿橘观察了当时的社会分工状况和获利情况后曾说：“农事之获利倍而劳最，愚懦之民为之；工之获利二而劳多，雕巧之民为之；商贾之获利三而劳轻，心计之民为之；贩盐之获利四而无劳，豪猾之民为之。”“晋升为士”不仅是求得官位步入仕途的问题，而且也是人们获取更高一级特权的关键。晋商之所以积极地依附于政府，结托各级官吏，在很大程度上就在于当时社会的特殊的等级规定。官商结合不仅是他们获取经商资格的起码条件，也是他们直接或间接地跻身仕途，成为具有一定国家代理人色彩的商人，进而增强其在经商活动中有形或无形竞争力的有效途径。

晋商通过贿赂军官，勾结权势，承办边镇军需物资，进行垄断经营，许多晋商因经营盐业而“资数巨万”。从明万历四十五年（1617 年）到清道光十年（1830 年）的二百多年中，明清政府在盐业中推行纲盐制，纲册上无名者不得参加，晋商则因同官府关系密切而多占有“窝本”。这使得许多外籍人感叹“土著较游寓二十之一”，“官办各帮，本地商股富者少，大半皆西商”，“向来山西、徽歙富人之商于淮者百数十户，蓄资以七八千万计”。

清初，政府为了管理和控制对蒙贸易，实行部票制度，无票照商人不得进入蒙旗。部票的颁发大权由张家口的察哈尔都统、归化城将军、多伦诺尔同知衙门和西宁办事大臣掌管。晋商因结交皇帝、官府而被恩赐给许多“部票”、“龙票”，从而使“所有恰克图贸易商民，皆晋省人，由张家口贩运烟、茶、缎、布、杂货，前往易换各色皮张、毡片等物”。皇商范毓馪也是因为低价承运军粮才获得了一定程度的对蒙私人贸易权。《清高宗实录》卷 481 记载：“茶叶布匹，官兵蒙古日用所需，乘便带售，与蒙古有益，在商贾得利……由归化城运米往军营，无庸禁止私带茶布，酌量驮载带往。”

恰克图当年的茶叶交易市场



“汇通天下”的山西票商更因获得特殊的经营权利和经营项目而盛极一时。就是在 19 世纪 60~70 年代，清政府严禁票号汇兑京饷之际，他们也因同各地督抚特别是广东等省官员的密切关系，通过公开或秘密的方式，承揽着大量官款汇兑业务。据中国人民银行山西省分行、山西财经学院、黄鉴晖编的《山西票号史料》的统计，1862~1874 年的 13 年间，票号共汇兑官款 18 880 492 两，年均汇款 1 452 345 两，交汇的七个省关占 92.6%。而在 1862~1893 年的 30 年间，票号汇兑官款 81 408 180 两，户部和内务府京饷占 75.5%。

## 七、节约成本　寻求庇护

在传统社会里，商人卑微的地位和人格使晋商不得不利用结交官员的方式来降低交易成本、获取经济利益。晋商大力结交官府，甚至亦官亦商，也主要是考虑到自身的经济利益，为其商业经营节约了大量的交易成本。但是从某种程度上说也是无奈之举。

### （一）寻找信息，把握商机

获得关于交易机会的信息是进行交易的前提。尽管市场上存在对某一商品的供给和需求，但由于信息不通所造成的时间和地点的错位却常常使交易难以发生。这种情况下的需求将成为无效需求，供给也成为无效供给。由于得到关于交易机会的信息总是需要花费一定的时间、金钱和努力，许多信息成本高得足以使交易无法进行。如果获取信息所需要的费用能够降低，额外的交易机会就能够得到利用。

在封建社会，各级政府及其所供养的军队无疑是最大的消费者。并且相对于下层贫苦人民来说，各级官吏及其上层阶级理所当然地是各种名贵货物最有支付能力的需求者。众所周知，对边疆大量军需物资的供给决定着明清晋商的兴起和壮大。晋商在北方所掌握的恰克图毛皮贸易也主要是供大贵族、大官僚所享用，而国内市场上的政府消费则进一步刺激着晋商的长足发展。据有关统计，19 世纪初，在大约拥有 3 000 或 3 000 以上人口的 1 400 个城市中，至少有 80% 是县衙所在地，而在人数超过 1 万的城市中，致有一半是府或省治所在地。诚如珀金斯所指出的，是“中国上层阶级的需要支配了长距离的国内贸易”。不仅如此，我国封建社会的市场在很大程度上由政府所操纵，官府在很多时候都是市场信息的基础源。因此，晋商不仅注重一般市场信息的搜集和整理，而且对朝廷内的动向也非常熟悉。他们对诸如政府军事行动、皇帝外巡、官员调任等常常了如指掌。对于“挟厚资驰千里”，足迹“遍天下”的晋商来说，通过结托各地官吏获取大量高效廉价的市场信息，是其开展大规模、大范围长途贩运贸易的基础。

### （二）交结官府，寻求避税

封建国家税收是影响晋商商业活动的关键。税收具有强制性、无偿性的特点，但封建社会对商人的税款征收同现代市场经济条件下对工商企业的征税存在很大不同。现代社会的健全稳定的法律使工商企业常常只将其应缴税款当作生产活动或商业活动的一般成本来加以计算。但在封建衙门叠床架屋、关卡林立、浮费繁杂的传统社会，商品的纳税数额直接同其运销远近，商人与官吏们的交情深浅密切相关，从而使其交纳的税款具有很强的随意性的特征。明朝应朝卿曾说："夫税者，税商也……商贾有利则趋，无利则止。自税使纷出，而富商之裹足者十二三矣。及税额日增，而富商之裹足者十六七矣。"因此，封建税收应该是晋商从事商业活动的一项重要成本。

盐业是晋商的龙头，许多富商大贾均自盐业起家。但盐业也常常被各级官吏当作借机生财的行业，故而盐商便成为各级衙门鱼肉的对象。诚如时人所称："官无论大小，职无论文武，皆视（盐业）为利薮，照引分肥。""上自督抚盐道，下至州县委员，皆借督销名义，莫不鱼肉盐商，分润盐利，各级衙门陋规，大者数万，小者数千。"盐商"私费所出，几半于盐利"。盐商如此，其他中小商人更为关津蠹吏所苦，几多破产。山西平陆茅津渡口是商人过渡之地，"向有分取渡钱陋规，巡检衙门每月抽取船户渡钱六日，游击衙门每月每船取规礼银二两"。顺治六年（1643年）四月内，有山西小商人"牵驴一头，在本县发卖。（官员龚尚义）指称漏报税银，除完纳正税外，尚义又……索本客银三两入己"。官吏的敲诈勒索使"三晋富民，吝于财而怕官，乃牢不可破之风气，至亲密友贷十金且有难色，一胥吏挟持之数千金，立即解囊"。

由于课税是对纳税人经济利益的强制性征收，而税则的可变性、随意性和税种的不确定性以及税收的重复性等特点，在利益机制的驱动下，商人必然要千方百计地逃避或转移税负，以维护和增加自身的利益。因此，最好的节约税收的办法就是依附于官府（官吏），以寻求庇护。明代弘治时期，户部郎中李梦阳就曾说："今商贾之家……援结诸豪贵，藉其荫庇。"在开中纳粮过程中就有许多商人持着中央政府高级官员的书信，或者诈冒达官显贵的家人获取免税特权或其他种种利益。"（宣府）诸镇岁用粮草，不下数百余万，每招商则奸豪风聚，时有都台某书谒者，君叱不得售。"

明清晋商多长途贩运商，"致富皆在数千里或万里外"，一趟贸

易常常行程万里之遥，历大小关卡数以千计，许多晋商不得不“挟其重资交结权贵”。他们一方面贿赂关卡税吏，以便通行，或者行媚权贵以提高与地方官吏的对抗力。乾隆时归化城监督福礼就因重征商税而引起晋商李令俊、徐育成、郭茂等人上京控告，最终遭到审查。另一方面则自捐官衔跻身仕途，甚至当上官商、皇商以取得税收豁免权。因同各级官吏的密切关系，山西票号从诞生起直到辛亥革命前就一直处于免税状态。因此，与封建国家税收相关的交易成本的节约是晋商经商获利的关键因素。

### （三）官商勾结，以官护商

晋商为了顺利洽谈、监督和执行交易也必须得到官府（官吏）支持。据徐继畬《松龛全集》中记载，道咸年间，口北地方“客商之遭害者，指不胜屈，报官无益，遂亦隐忍而不报。向使稍稍著意，稍稍动手，或当不至横肆若此耳”。这种地方官吏极不负责任、不管理的现象在明清时期极为常见。吏治腐败，官兵贪赃枉法，土匪盗贼盛行，地痞流氓欺行霸市。加之商人交易，难免纠纷。然而，《李煦奏折》中记载：“设遇家庭交际之间嫌，一经衙门，必致借端勒诈，不得不预为之计，以勉应其求也。”因此，晋商为了顺利洽谈、监督和执行交易也时常寻求官府支持。因此，晋商出于节约交易成本的动机必然走官商结合之路。

综上所述，晋商在无法取得法人地位和传统社会特定等级制度安排之下，通过结托政府获得了特殊的经营资格，继而走上了一条独特的官商结合之路，可以最大限度地节约经商活动的交易成本，并转嫁、分散和克服经营风险。他们凭借明清政府的边疆用兵和开发政策，利用开中法而崛起，在从特权商品的经营中获得丰厚的利润，并不失时机地转向多业经营，最终形成了上至绸缎、下至葱蒜无所不包的繁荣局面。他们以北部边镇为基础，积极向全国各地拓展，足迹“遍天下”，甚至将触角伸向了东南亚和欧陆，成为明清时期最有影响的一支地方商旅。当然，还有许多诸如社会的、伦理的、政治的、心理的因素也影响着晋商走上官商结合之路。



## 八、成也萧何 败也萧何

所谓成也萧何，败也萧何，因为与官府的密切关系，晋商迅速崛起并创造了商业的巨大成功，但是其衰落也与官府有着密不可分的关系。晋商的衰落有着深刻的社会历史背景和复杂的内外因素。

时至晚清，政府日益腐败，横征暴敛，各地厘卡官吏则尽力欺压商民以增加地方财政收入或者满足自身的贪婪欲望。同治七年（1868 年），都察院左都御史毛昶熙就曾奏道：“厘金一项，原为接济饷需，而奉行不善，百弊丛生。一县之中，重叠抽收。一卡之中，多人勒索。病商病民，莫此为甚！”郑观应也曾指出，内地厘金弊端丛生，“百物滞销，四民俱困，天下设卡数百，置官数千，增役数万，猛如虎，食如狼，磨手而食，小民锥心饮泣，膏血已枯”。虽然清廷数议裁减厘卡，但终因厘金收入向来是“各省疆吏所恃为腾挪弥补之术，调剂属员之资……故莫肯建议裁撤”。厘金制度始终作为晚清一大弊政而存在。

在晋商发展的前期，他们常常能够利用各级官衔或者各种“龙票”、“部票”作为护身符，来克服经商过程中种种人或物的危险、障碍和负担。但随着近代社会各地厘卡的遍设，商人们所领有的“龙票”、“部票”和“官衔”能够产生的威慑力已相当微弱。近代社会的一大变局便是外国势力的介入，这对于晋商通过官商关系而进行垄断经营同样构成了极大挑战。例如，洋货或者与外商有关的出口货物只要交纳少量的子口税便可以“遍行天下，不问所之”，而晋商等国内商人则不得不遭受厘金的重复盘剥。1907 年营口东盛和五联号倒闭，理应按照实有资产平均分偿各家欠款。大清银行及外国各银行的款项都得到了全数清还，而山西票号的借款却不能收回。李宏龄谈到此事时曾说：“而尤足寒心者，一遇倒账，外洋银行则凭借外力，大清银行则倚仗官权，同

中资新式银行的崛起

我国第一家由中国人出资创办的新式银行是于 1897 年建立的中国通商银行，是由当时督办铁路总公司事务大臣盛宣怀奏请开设的。其组织制度和经营管理办法模仿汇丰银行。1905 年 8 月，大清户部银行（今中国银行的前身）在北京成立，1908 年又改名为大清银行。1908 年，清政府邮传部设立交通银行。大约在此前后，地方各省为解决财政困难，纷纷设立官银钱局号，实际为地方银行，共有 24 家。

属财产关系，而彼各挟势力以凭凌。”大清银行、日本正金银行、华俄道胜银行等“收其十足而有余，我帮则收其半而不足。何彼此之悬殊也?实我帮之力不逮也”。国家的积贫积弱无法为商人提供应有的保护，寻求政府的庇护也成为一种徒劳。因此，随着外国势力的介入和政府的日益腐败，官商结合能为晋商带来的优势也逐渐消失殆尽，在关乎命运的商业大战中一败涂地，令人扼腕叹息。

随着清王朝国势日下，财政拮据，政府开始千方百计地劝商捐输报效。晋商因同政府之间的密切联系常常成为被劝输摊派和勒索的主要对象。商人们的捐输越来越多，而获得的只能是一些虚衔。可见捐输报效也越来越具有强行摊派的性质。为了解决财政困难，清政府进一步将捐纳制度化，进行赤裸裸的卖官。仅捐监一项，由嘉庆二十一年(1816年)至道光十年(1830年)，便得监生20余万人。捐纳和捐输开始只限于京城。太平天国运动之后，各省均派员设局自行办理，价格也一再折减以相招徕。1851年减为九成收捐，次年减为八成收捐，1854年再减为七成五收捐，甲午战争后又改为五成。到1902年，四川又改为四成实银，于是各省纷纷效法。1883年的《申报》曾载："官厅拥有列者十九有之……城中绅士喜庆过从，品顶花翎者满堂环坐。即此一端，可见名器之滥，至今而已极矣。"江苏巡抚丁日昌也曾奏道："现在捐班、军功二途，纷纷沓至，处处有人满之患……夫以千余

俄国华俄道胜银行

英国汇丰银行

上海荷兰银行

美国花旗银行

人补数十员之缺，固已遥遥无期，即循资按格而求，署事亦非十数年不能得一年。”

为了结托官吏，寻求保护，晋商竞相捐官纳衔。山西票号财东和其主要经理人员都通过捐纳银两，买有各种官衔。平遥日升昌票号的财东李箴视不仅自捐官衔，还给已死的父亲、祖父、曾祖父捐衔，其兄弟七人及下一辈男子十二人都捐有文武官衔，李家的妇人均受封为宜人、夫人。三晋源、百川通、长盛川票号财东祁县渠家的渠同海授武德骑尉守备衔、守御所千总；其子渠应璜授朝议大夫、盐运使运同、直隶州州同；其孙渠长瀛授朝议大夫盐运使运同，妻孟、罗、马氏俱奉恭人。大德通、大德恒票号祁县乔家的乔景僖授花翎员外郎，乔景侃授花翎四品附贡生，乔景信授花翎二品衔补用道员，

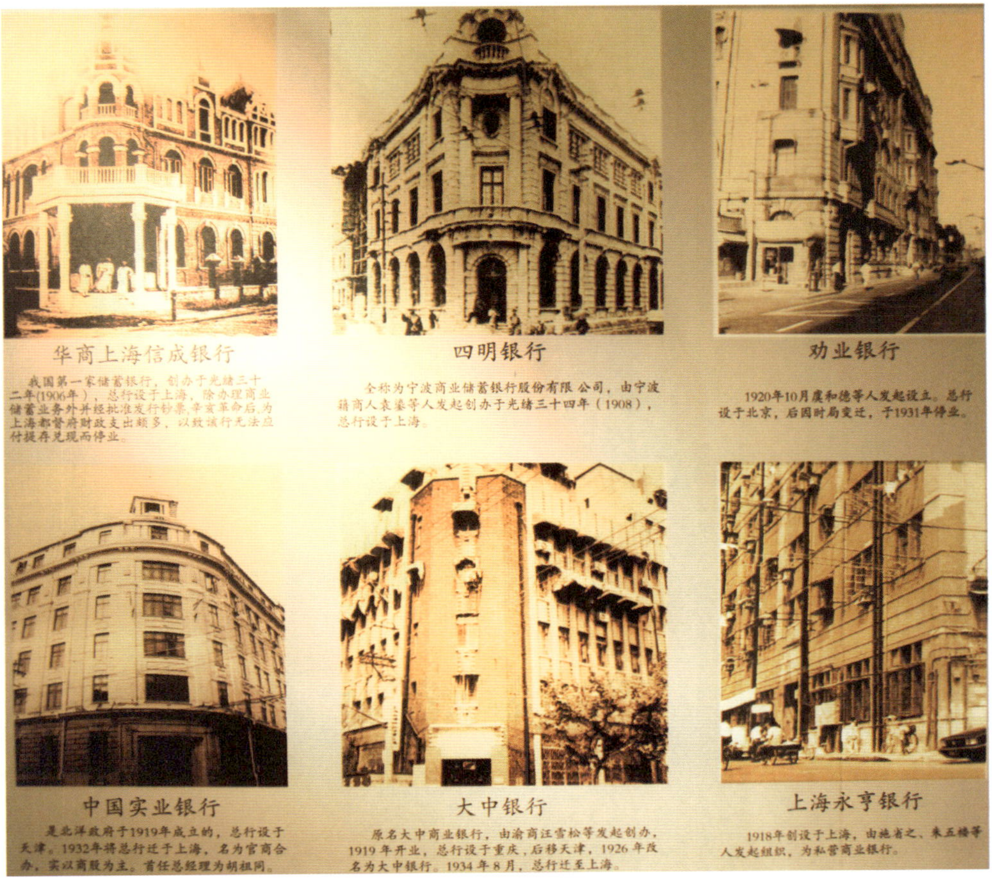


中国私营银行的兴起

乔景镒授花翎员外郎，兄弟十人均授花翎顶戴。天成亨票号经理张河锦曾捐银 450 两，准为监生并赏给守御所千总衔等等。晋商巨额的捐纳支出进一步削弱了晋商的商业实力，使其在商业活动中所起到的实际经济作用越来越小。

晋商长期以来形成的卑微扭曲人格使其在近代化转型过程中步履维艰，同时也注定了他们必然要随着近代化的进程而走向衰落。晋商将其商业前途与政府命运紧密地联系在一起，形成了一种亲密的鱼水关系，一损俱损，一荣俱荣。在风雨飘摇的社会动荡中，晋商的企业也惨淡经营，繁荣的背后尽显衰败的迹象。辛亥革命中，日升昌票号遭受致命打击，活跃在金融界百年之久的日升昌的倒闭敲响了晋商衰亡的丧钟，标志着晋商淡出了历史的舞台，正所谓成也萧何，败也萧何。

# 主要参考书目


成艳萍：《经济一体化视角下的明清晋商》，科学出版社，2013年版。

冯改朵、刘建生等：《西口研究——以杀虎口为中心》，山西经济出版社，2012年版。

刘建生、燕红忠、张喜琴等：《明清晋商与徽商之比较研究》，山西经济出版社，2012年版。

燕红忠：《晋商与现代经济》，经济科学出版社，2012年版。

燕红忠：《中国的货币金融体系（1600—1949）》，中国人民大学出版社，2012年版。

刘建生：《商业与金融：近世以来的区域经济发展》，山西经济出版社，2009年版。

刘建生、燕红忠、石　涛等：《晋商信用制度及其变迁研究》，山西经济出版社，2008年版。

刘建生、燕红忠、王瑞芬等：《山西典商研究》，山西经济出版社，2007年版。

刘建生、刘鹏生、李　东：《回望晋商》，山西经济出版社，2007年版。

刘建生、刘鹏生、燕红忠等：《明清晋商制度变迁研究》，山西人民出版社，2005年版。

刘建生、刘鹏生等：《晋商研究》，山西人民出版社，2005年版。

高增德、刘建生：《晋商巨擘》，山西经济出版社，2005年版。

刘建生：《商谭》，山西经济出版社，2002年版。

刘建生、刘鹏生等：《山西近代经济史（1840—1949）》，山西经济出版社，1995年版。

刘建生：《中国近代经济史稿》，山西经济出版社，1992年版。

……………………………………

中国人民银行山西省分行，山西财经学院《山西票号史料》编写组编：《山西票号史料》，山西经济出版社，2002年版。

张正明：《晋商兴衰史》，山西古籍出版社，2001年版。

葛贤慧：《商路漫漫五百年——晋商与传统文化》，华中理工大学出版社，1996年版。

张正明：《晋商与经营文化》，世界图书出版公司，1998年版。

穆雯瑛：《晋商史料研究》，山西人民出版社，2001年版。

史若民：《晋商兴衰史》，中国经济出版社，1992年版。

中国商业史学会明清商业史专业委员会编：《明清商业史研究》，中国经济出版社，1998年版。

李　洵：《明清史》，人民出版社，1956年版。

孙　健：《中国经济通史》，中国人民大学出版社，2000年版。

刘秋根：《明清高利贷资本》，社会科学文献出版社，2000年版。

张海鹏、张海瀛：《中国十大商帮》，黄山书社，1993年版。

张海瀛等：《山西商帮》，香港中华书局，1995年版。

张正明、邓　泉：《平遥票号商》，山西教育出版社，1997年版。

陈其田：《山西票庄考略》，华世出版社，1937年版。

〔日〕寺田隆信：《山西商人研究》，山西人民出版社，1986年版。

黄鉴晖：《山西票号史》，山西人民出版社，2002年版。

渠绍淼：《晋商兴盛溯源》，《文史研究》，1992年1–2期。

许　檀：《明清时期城乡市场网络体系的形成及意义》，人大复印资料《经济史》，2000年第5期。

秦省如：《山西票号在今昔经济上之地位》，《钱业月报》第15卷7号，1935年7月。

范椿年：《山西票号之组织及沿革》，《中央银行月报》，1925年1月。

《劝设山西银行说帖》，《南洋官报》1904年8月16日。

唐力行：《商人与中国近世社会》，商务印书馆，2006年版。

陈国香：《山西票庄之今昔》，《民族》1936年第3号。

颉尊三：《山西票号之构造》，1936年未刊稿。

王　询：《文化传统与经济组织》，东北财经大学出版社，1999年版。

豆建民：《中国公司制思想研究》，上海财经大学出版社，1999年版。

李　玉：《晚清公司制度建设研究》，人民出版社，2002年版。

徐茂魁：《现代公司制度概念》，中国人民大学出版社，2001年版。

张维迎：《企业理论与中国企业改革》，北京大学出版社，1999年版。

林毅夫主编，宋劲松著：《现代企业理论与实践》，《中国经济前沿问题丛书》，中国经济出版社，2000年版。

张维迎：《企业的企业家——契约理论》，上海三联书店、上海人民出版社，2001年版。

刘佛丁、王玉茹：《中国近代的市场发育与经济增长》，高等教育出版社，1996年版。

# 后记

晋商的经营管理之道并不是个陌生的话题，之前已有许多学者从不同视角作过介绍和研究，本书是在借鉴和吸收已有成果的基础上，利用现代企业管理理论的分析范式从经营管理机制的层面对其进行的又一次解读。

因为是面向对晋商感兴趣的读者，甚至是那些本身就是新一代的晋商们，我们希望这本书不仅具有可读性，而且还有针对性、启发性和借鉴性。所以，如何深入浅出、生动而不失深度地去再现晋商经营和管理的情形，算是对长期从事严肃的学术研究工作者的不小挑战。好在这本书不是我这个呆板的人一肩挑，还有两位年轻的硕士研究生——李泽平、郭小鹏倾力参与，他们虽然受我这个老师的“指导”，但没有被太多束缚，我只要求他们遵从整体丛书的风格，涵盖应该面呈读者的那些重要内容，并提供给他们所需的参考资料。这样，年轻人特有的活力和思辨力便随着他们的文笔渗入到这本书中，使其看上去不那么沉闷。感谢他们的加入！此外，感谢山西教育出版社的同志们，他们负责了相关图片的搜集和整理工作，还对本书的文字进行了润色和加工。

限于笔者水平，本书在结构设计、分析阐释、文辞使用方面会有疏漏和不当之处，敬请大家批评指正。

林　柏

# 跋

明清晋商在中国商业舞台上活跃的时间之长、影响之大，是空前的。然而历史的车轮无情地碾过那段令人激奋和无奈的岁月，只留下斑驳的记忆和深深的叹息。如何重拾昔日辉煌、重振晋人精神，如何改变百年封闭思想、形成晋人与时俱进的理念，如何挖掘历史文化遗产、实现文化强省，如何改变外界对山西的偏见、重塑山西的时代形象，成为当代有识之士急于破解的难题。

在国家日益重视文化对社会发展的重要意义的背景下，正值山西省省委、省政府大力推动文化产业发展的良好历史机遇，2008年初夏，时任山西教育出版社社长的荆作栋以敏锐的市场把握和独特的文化视角，结合晋商出版物的现状，将晋商文化的挖掘和传承作为出版工作的一个切入点，提出做一套能全面展示晋商文化图书的出版思路；山西大学晋商学研究所近二十年来一直致力于晋商研究，曾先后出版相关专著十余部，发表相关论文二百余篇。鉴于此，张沛泓、杨文两位编辑在多方调研和充分论证的基础上，最终确定与山西大学晋商学研究所合作，以《晋商五百年》丛书的形式，将近年来晋商在各方面的研究成果进行整合，以通俗和生动的方式图文并茂地展示给广大读者。山西大学晋商学研究所在深入思考和集思广益之后，决定全力以赴做好这套书。相信这必将有力地推动晋商文化的宣传和普及，更好地满足文化市场发展的需求。

随着晋商研究的深入，晋商学作为一门独立的学科已经粗具规模，其研究的外延亦不断扩大。《晋商五百年》丛书主要从经营行业（盐商、典商、票商、茶商、粮商等）、会馆、家族、教育、公司、建筑、经营、镖局、走西口等方面，对晋商现象进行概括性描述，基本可以反映出明清晋商的全貌。在本丛书的各分册中，对晋商饮食起居、书法戏曲、官商关系、社会公益以及特有的商业习俗等也都有所涉及。

《晋商五百年》丛书十四册的编写历经五年有余，经过出版社同志们的辛勤劳动和各分册作者的共同努力，终于可以付梓出版了。丛书作者为山西大学晋商学研究所、历史文化学院、经济与管理学院、教育学院和体育学院研究晋商学的老师和研究生，他们分别从自己研究的领域和视角对晋商现象进行了介绍。在五年多的编撰过程中，出版社编辑和作者两方多次探讨，反复修改，几易其稿，达成共识；特别是在丛书整体的文字表达上，尽量使用通俗的描述语言，并配以内容丰富、形式多样、涉及范围广的“延伸阅读”，让各册内容更加丰满，知识涵盖面更加广泛。在此，对各位著作者的辛苦工作表示敬意。

山西教育出版社编审委主任张沛泓、项目部主任杨文在本丛书的论证、策划、立项、组织等方面做了大量工作，并在成书的过程中积极推动，在此对她们的敬业精神表示钦佩。各册责任编辑为使图书更加美观形象、内容更加生动丰富，通过各种渠道搜集和拍摄了大量图片，下了很大工夫，也付出了很多心血。山西教育出版社美术编辑刘志斌在丛书的装帧设计、正文图片的统筹和编排等方面做了大量工作。在此对山西教育出版社相关领导和编辑们的敬业精神和辛苦工作表示崇高的敬意和衷心的感谢。

本丛书在编写的过程中，我们参考了大量学界前辈和研究同仁的研究成果，但囿于体例和篇幅限制，不能全部一一标列，在此对各位作者表示诚挚的感谢和深深的歉意。由于本丛书有的分册是师生合作编撰，其中在结构安排、行文内容等方面还有一些尚需斟酌之处，恳请各位读者指正和谅解。

刘成虎

于山西大学晋商学研究所

# 鸣谢

为全面形象地宣传、展示晋商文化，本丛书在编辑出版过程中编配了一些相关图片，我们希望取得摄影者的授权，但囿于时间、条件的限制，部分图片未能事先与摄影者取得联系。在此，我们对相关摄影作品的作者表示歉意并恳请能及时与我们联系。本丛书图片的提供者有梁铭、荣浪、薛菲、刘志斌、高春平、刘成虎、刘映海等，并得到北京晋商博物馆、山西财经大学晋商博物馆、山西省博物院、太原晋商博物馆、山西近代矿史研究会、保晋公司纪念馆等单位的大力支持，在此一并致谢！